HEYNE <

ALJOSCHA LONG & RONALD SCHWEPPE

NLP PRAXIS

Neurolinguistisches Programmieren:
Alte Denkmuster ablegen, Blockaden auflösen,
optimal kommunizieren und das Gehirn
auf Erfolg programmieren.

Die besten Techniken und Übungen

WILHELM HEYNE VERLAG
MÜNCHEN

FSC www.fsc.org
MIX
Papier aus verantwortungsvollen Quellen
FSC® C083411

Penguin Random House Verlagsgruppe FSC® N001967

2. Auflage
Taschenbucherstausgabe 06/2020

Der Wilhelm Heyne Verlag, München,
ist ein Verlag der Penguin Random House Verlagsgruppe GmbH,
Neumarkter Straße 28, 81673 München
Redaktion: Claudia Fritzsche
Umschlaggestaltung und Motiv:
Hauptmann & Kompanie Werbeagentur, Zürich
Satz: Satzwerk Huber, Germering
Druck: CPI books GmbH, Leck
Printed in Germany
ISBN: 978-3-453-60545-9

www.heyne.de

Inhalt

Kapitel 1

Schritte zur Veränderung

Was ist NLP?

NLP steht für »Neurolinguistische Programmierung« oder »Neurolinguistisches Programmieren«. Das klingt sehr wissenschaftlich und technisch. Doch in NLP dreht es sich weder um Wissenschaft noch um Technik, sondern um den Menschen. Und zwar um den ganzen Menschen – mit all seinen schlummernden Möglichkeiten und Fähigkeiten. Mit NLP können Sie lernen, Ihr Potenzial zu wecken. Sie können erreichen, was Sie wollen, und Sie können werden, wer Sie wirklich sind. Sie werden staunen, was dabei alles zum Vorschein kommt!

Die Methode macht den Unterschied

Vielleicht haben Sie sich schon mehrmals in Ihrem Leben vorgenommen, etwas zu verändern. Möglicherweise wollten Sie schlechte Angewohnheiten, wie das Rauchen, aufgeben. Oder Sie hatten vor, etwas Neues zu lernen, beispielsweise eine Fremdsprache oder ein Musikinstrument. Manchmal waren es vielleicht auch Eigenschaften, wie Schüchternheit, die Sie gern abgelegt hätten. Oder Sie dachten daran, dass Sie einfach gerne besser mit Menschen zurechtkommen würden. Einiges davon ist Ihnen vielleicht gelungen, aber andere Dinge nur teilweise oder gar nicht – obwohl Sie sich möglicherweise sogar sehr darum bemüht haben. Was machte den Unterschied zwischen Erfolg und Misserfolg aus? Zufall? Waren die Dinge, bei denen Sie erfolgreich waren, nur leichter als die anderen?

Nein – der Unterschied lag allein darin, wie Sie vorgegangen sind. Vermutlich ist Ihnen gar nicht so klar, was Sie in Ihrem Leben schon alles geleistet haben. Sie haben Lesen und Schreiben gelernt und beherrschen zumindest eine Sprache sehr gut – Fähigkeiten, die Sie sich relativ mühelos angeeignet haben, obwohl diese Dinge nicht gerade unkompliziert sind! Und Sie können noch weitaus mehr, als Sie sich vorstellen können. Sie wissen nur noch nicht genau wie. Und eben darum geht es in diesem Buch: Sie werden erfahren, wie Sie die unglaublichen Möglichkeiten, die in Ihnen stecken, verwirklichen können!

Tun statt theoretisieren

Sie werden ein wenig über die Theorie des NLP hören – doch die Betonung liegt auf wenig. Denn viel wichtiger als alles Wissen und alle Theorien ist, dass Sie NLP praktizieren. Das Lesen eines Buchs über NLP ist noch nicht NLP. Erst wenn Sie das Gelesene anwenden, werden Sie erfahren, was NLP für Sie leisten kann!

Keine Methode der Welt wird Ihr eigenes Handeln ersetzen können. Wenn Sie sich jedoch immer wieder ins Bewusstsein rufen, dass Sie erst lesen, dann verstehen und dann handeln, wird niemand Sie dabei aufhalten können, Ihre Ziele zu verwirklichen!

Wir wollen es Ihnen so leicht wie möglich machen, das umzusetzen. Wenn Sie etwas über eine NLP-Technik oder ein Konzept aus dem NLP gelesen haben, finden Sie im Anschluss daran »Experimente« oder »Anwendungen im Alltag«.

Im Buch erkennen Sie die unterschiedlichen Bereiche sofort an diesen Zeichen:

DEF Hier finden Sie Ausdrücke erklärt, die nicht unmittelbar verständlich sind.

NLP

Hinter diesem Zeichen finden Sie Erklärungen für Wörter, Begriffe und Vorgehensweisen, die NLP-spezifisch sind. Die teilweise englischen und technisch klingenden Begriffe sind hilfreich, wenn Sie mit anderen Menschen sprechen, die NLP kennen. Für die Arbeit mit sich selbst brauchen Sie natürlich keinen NLP-Slang.

TEC

Hier wird eine Technik, eine Methode oder ein Konzept vorgestellt. Dann wissen Sie theoretisch, wie es funktioniert. Damit es auch pratisch funktioniert, müssen Sie es natürlich in die Tat umsetzen.

EXP

Hier stellen wir Ihnen ein Experiment beziehungsweise einen kurzen Selbstversuch vor, mit dem Sie die Wirkung oder das Prinzip einer NLP-Methode am eigenen Leib erfahren können.

PRA

Hier finden Sie praktische Tipps, wie Sie das, was Sie gelesen haben, in Ihrem Alltag anwenden können. Nehmen Sie diese Tipps ernst. Wenn Sie NLP in Ihrem ganz normalen Leben einsetzen, dann lernen Sie am schnellsten und haben am meisten davon.

Alle NLP-Techniken und die wichtigsten NLP-Begriffe sind fett gedruckt, so dass Sie sie schnell wiedererkennen.

Wie Sie NLP einsetzen können

NLP ist eine erfolgreiche Methode, um tatsächliche und dauerhafte persönliche Veränderungen in erstaunlich kurzer Zeit zu bewirken. NLP hat sich in den beinahe vierzig Jahren seit es entwickelt wurde, in vielen Feldern bewährt:

- NLP hilft Ihnen dabei, Ihr ganzes Potenzial hervorzubringen, Herausragendes zu leisten und Ihre Ziele, beruflich oder privat, zu erreichen.
- NLP dient der Bewältigung persönlicher Schwierigkeiten und dem individuellen Wachstum.
- NLP zeigt Ihnen, wie Sie praktische Probleme – wie Prüfungsängste, Rauchen, Übergewicht oder Beziehungsschwierigkeiten – in den Griff bekommen.
- NLP wird in der beruflichen Fortbildung von Führungskräften eingesetzt, um ihre Führungskompetenzen und ihre Erfolgsorientierung zu steigern und sie zu effektiver Kommunikation anzuleiten.
- NLP ist eine effektive Form der Kurzzeittherapie, bei der in kurzer Zeit (manchmal reicht sogar eine einzige Sitzung) seelische Probleme überwunden werden können. Die Veränderung kann im NLP sehr schnell auftreten – um tief sitzende Probleme zu lösen, kann man dann noch tiefer gehen.

Diese Vielzahl an Möglichkeiten des NLP machen natürlich den einen oder anderen skeptisch – insbesondere jene, die bereits mit herkömmlichen Methoden versucht haben, Veränderungen in ihrem Leben zu bewirken. Wie kann NLP auf so vielen Gebieten erfolgreich sein? Manchmal scheinen die Möglichkeiten des NLP an Zauberei zu grenzen. Die eigentliche Magie liegt jedoch nicht im NLP, sondern im menschlichen Geist: NLP ist so erfolgreich, weil es sich zur Aufgabe gemacht hat, die Wirkungsmechanismen des Geistes zu erforschen und in praktische Vorgehensweisen umzusetzen. NLP überzeugt nicht durch eine abstrakte Theorie, sondern durch praktischen Erfolg.

Kapitel 2

Grundlagen – wie Sie die Veränderung bewirken

Worum geht es?

»Neuro-Linguistisches Programmieren« ist ein ziemliches Wortungetüm. Doch hinter den Worten steckt ja eine Bedeutung. NLP hat drei Buchstaben. Und jeder steht für einen Teil des Neuro-Linguistischen Programmierens.

NLP – Eine Begriffserklärung

Sehen wir uns diese drei Buchstaben einmal an:

- »N« steht für Neurologie: Das ist die Wissenschaft vom Nervensystem und seiner Funktion. Bei NLP geht es also um Vorgänge im Gehirn.
- »L« steht für Linguistik: In der Linguistik wird die Sprache untersucht; als System, ihre Wahrnehmung, ihre Form und Funktion. NLP hat also mit Sprache zu tun.
- »P« steht für Programmieren: Beim Programmieren bekommt ein Computer eine Folge von Anweisungen, die ihm sagen, welche Operationen mit welchen Daten durchzuführen sind. NLP geht also Schritt für Schritt voran und gibt klare Anleitung, was zu tun ist, um ein Ziel zu erreichen.

Offensichtlich ist das alles Theorie. Der Begriff NLP erklärt nur ganz grob, worum es geht. Mehr kann man von einem Wort allerdings auch nicht erwarten. Man kann aber erwarten, dass weitaus mehr dahintersteht. Und so ist es auch. NLP ist keine Gehirnforschung, keine Sprachforschung, und es verwechselt Menschen auch nicht mit Computern. Im NLP geht es um Menschen, um die Kraft, die in jedem steckt und um Versuche, das große Potenzial in jedem Menschen zur Entfaltung zu bringen.

Nennen Sie die Methode NLP. Aber sehen Sie NLP als eine Methode, die Ihnen hilft, Ihr Gehirn so zu benutzen, dass Sie das erreichen, was Sie erreichen wollen – und vielleicht noch mehr.

Die drei Säulen des NLP

Es gibt drei Hauptanliegen im NLP. Vielleicht decken sich diese mit Ihren persönlichen Anliegen? Überlegen Sie mal: Was ist Ihnen wichtig? Was möchten Sie verändern?

Lesen Sie jetzt noch nicht weiter, sondern denken Sie wirklich darüber nach, was Ihnen wichtig ist und was Sie verändern wollen. Sie müssen nicht in die Tiefe gehen – aber nehmen Sie sich ein paar Sekunden Zeit, um sich diese beiden Punkte klarzumachen.

Was auch immer es ist, es hängt sicher mit einer der drei Säulen des NLP zusammen. Entweder wollen Sie

- Ziele erreichen,
- Ihre Möglichkeiten erweitern oder
- Ihre Beziehungen zu anderen Menschen verändern.

Zielorientierung

Viele Menschen denken an Probleme, die zu überwinden sind. Das ist problemorientiertes Denken. Im NLP geht es dagegen immer um zielorientiertes Denken und Handeln. Das macht einen entscheidenden Unterschied, denn beim problemorientierten Denken ist das Problem immer präsent. Beim zielorientierten Denken spielt das Problem nur eine Rolle als Anstoß.

Wo liegt Ihre Aufmerksamkeit, wenn Sie auf eine Schwierigkeit stoßen? Überlegen Sie sich einmal eine solche Situation und beobachten Sie sich dabei.
Kreisen Ihre Gedanken um das Problem – und dann natürlich auch, wie Sie das Problem lösen können? Oder ist Ihr Geist damit beschäftigt, an Ziele zu denken – an Ziele, die dazu führen, dass das Problem keines mehr ist?
Wenn Sie beispielsweise daran denken, das Rauchen aufzugeben: Drehen sich Ihre Gedanken um das Rauchen oder um ein Verhalten, bei dem Rauchen unnötig wird?
Und dann überlegen Sie mal: Welche Vorteile hat das problemorientierte Denken?
Richtig! Genau null!

EXP

Verhaltensflexibilität

Wenn man keine Wahl hat, wie man denkt, fühlt und sich verhält, wird es in ungewohnten Situationen schwierig. Das merken Sie vor allem dann, wenn Sie eine starke Gewohnheit haben. Wenn Sie jeden Tag auf demselben Weg zur Arbeit fahren und plötzlich die Straße gesperrt ist, wird es stressig, wenn Sie nur diesen einen Weg kennen. Haben Sie eine Straßenkarte, ein Navi oder, noch besser, mehrere Wege im Kopf, schrumpft das Problem zu einem Nichts zusammen. NLP macht Ihr Denken, Fühlen und Handeln flexibler, sodass Sie auf Unerwartetes schneller, effizienter, stressfreier und erfolgreicher reagieren können. NLP ist wie ein Navigationsgerät für Ihr Gehirn.

Sehen Sie sich einmal das folgende Bild an. Nicht sehr spektakulär – nur neun Punkte. Versuchen Sie einmal, diese neun Punkte zu verbinden. Und zwar mit vier geraden und zusammenhängenden Linien – also ohne den Stift abzusetzen.

Vermutlich werden Sie, falls Sie dieses Rätsel noch nicht kennen, nach einer Weile glauben, es gäbe keine Lösung. Aber es gibt eine. Denken Sie daran: Es geht um Verhaltensflexibilität. Wenn Sie nicht weiterkommen, überlegen Sie einmal, was Sie bei Ihren bisherigen Versuchen immer gleich gemacht haben.

Falls Sie die Geduld oder der Mut verlässt: Die einfachste Lösung finden Sie auf Seite 71.

Das Neun-Punkte-Rätsel

Rapport

Ein ganz wichtiger Aspekt des NLP ist Kommunikation – mit anderen Menschen und mit Ihrem eigenen Inneren. Im NLP erfahren Sie, wie Sie effektive, befriedigende und funktionierende Beziehungen zu anderen Menschen aufbauen können, wie Sie Ihre Mitmenschen und sich selbst besser verstehen und selbst verstanden werden – im Privat- und im Berufsleben.

»Rapport« ist ein Begriff, der in der Psychologie, vor allem aber in der Hypnose, einen »guten Draht« zu einem Menschen bezeichnet. Ist der Rapport gut, dann ist die Kommunikation effektiv und von Vertrauen getragen.

Gedanken, Gefühle und Sprache

Der Mensch ist kein Computer. Das müssen wir natürlich im Auge behalten, wenn wir diese Metapher verwenden. Doch es gibt durchaus ein paar einleuchtende und vielleicht sogar aufrüttelnde Parallelen.

Bei einer Metapher wird ein Wort nicht in seiner wörtlichen Bedeutung, sondern in einem übertragenen Sinn gebraucht. Im NLP spielen Metaphern eine wichtige Rolle. In Geschichten, Bildern oder Anekdoten können dem Unterbewusstsein Lösungen angeboten werden, die dadurch auf weniger Widerstand stoßen.

Was ein Computer tun kann, hängt zwar zum einen Teil von seiner Bauart ab (der Hardware), doch zum weitaus größeren Teil sind seine Fähigkeiten von den Programmen (der Software) abhängig. Ohne Programm kann selbst der modernste Computer überhaupt nichts!

Und wie ist das mit Ihrem Gehirn? Ihr Gehirn allein ist erst einmal zu gar nichts fähig – erst durch Ihre Erfahrungen, Ihre Erziehung, Ihre Selbsterziehung und Ihre Lerngeschichte können Sie so erstaunliche Dinge tun, wie eine Sprache verstehen und sprechen, Liebe und Glück empfinden oder sich Gedanken über sich selbst machen.

In der Computer-Metapher sind Ihr Körper, Ihre Organe (einschließlich Ihres Gehirns) die »Hardware«, die gewisse Grenzen vorgibt. Aber diese Grenzen haben Sie noch lange nicht ausgelotet. Kein Mensch hat das. Die Grenzen sind so weit gesteckt, dass sie keine große Rolle spielen. Viel wichtiger sind Ihre Gedanken, Ihre Gefühle, Ihre Einstellungen – sie bilden die »Software«, die »Programme«, die Ihnen erst all Ihre Fähigkeiten verleihen.

Die Sprache ist in dieser Metapher die Sammlung der »Programmierbefehle«, mit denen die Software geschrieben wird. »Sprache« ist dabei natürlich nicht nur das gesprochene Wort, sondern ebenso die Körpersprache, die Mimik, Gestik – ja selbst die Ausschüttung von Hormonen kann eine Art Sprache sein. Vielleicht haben Sie schon einmal davon gehört, dass Schmetterlinge die Duftstoffe möglicher Sexualpartner kilometerweit riechen können. Diese Duftstoffe schreien: »Komm! Lass uns kleine Raupen machen!« Sie sind also Sprache. Sprache verwenden wir auch, wenn wir uns selbst betrachten und mit uns selbst Zwiesprache halten. Wenn wir uns Gedanken machen, sprechen wir mit uns selbst und entwickeln dadurch weitere Gedanken, vielleicht auch unsere Gefühle und unser Verhalten. Auf der neurologischen Ebene verändert sich dabei das Gehirn: Es entstehen neue Verbindungen zwischen den Gehirnzellen (Synapsen).

Die Programme verbessern

NLP, das Neurolinguistische Programmieren, beschäftigt sich also damit, wie die Vorgänge in unserem Gehirn über Sprache (im weitesten Sinn) beeinflusst werden können – also wie Sie Ihr Gehirn »programmieren« können. Sie können neue Programme installieren und damit Ihre Fähigkeiten erweitern. Sie können aber auch alte Programme verbessern, erweitern und neue Unterprogramme hinzufügen. Und nicht zuletzt – und das ist eine ganz wichtige Anwendung des NLP – können Sie lernen, die bereits vorhandenen Programme optimal zu nutzen.

Die »Programme«, die in unserem Gehirn ablaufen, sind dabei natürlich unermesslich vielfältiger, komplexer, leistungsfähiger und erstaunlicher als alle Computerprogramme der Welt zusammen. Und auch die »Programmiersprache«, in der die Programme in unserem Gehirn geschrieben sind, ist weitaus vielfältiger als die

Symbole, mit denen ein Computer operiert. Die Symbole, mit denen unser Gehirn arbeitet, sind »Wahrnehmungseinheiten«.

Überlegen Sie einmal, was folgende Dinge in der Metapher wären. Was entspricht beim Menschen:

- Bildschirm
- Tastatur
- Speicher
- Festplatte
- Grafikkarte
- Internet
- …?

EXP

Sie werden feststellen, dass das Nachdenken über die Metapher ein sehr sinnvolles Spiel ist, das Ihnen nicht nur die Gemeinsamkeiten, sondern vor allem auch die Unterschiede zwischen Mensch und Computer deutlich macht. Und als Nebenwirkung ist Ihr Denken bei diesem Spiel bereits ein Stückchen flexibler geworden!

Die Struktur der Erfahrung

Bandler und Grinder nannten NLP »das Erforschen der Struktur subjektiver Erfahrung«. Das ist auf den ersten Blick auch nicht viel klarer als »Neuro-Linguistisches Programmieren«. Auf den zweiten Blick aber schon.

Es geht um Erforschung: Das heißt, es geht darum, etwas herauszufinden. Also um etwas Aktives, nicht um eine Theorie.

Es geht um die subjektive Erfahrung: Das heißt, es geht um den Menschen. Wie Menschen subjektiv empfinden, lernen und wachsen – das ist das Anliegen.

Es geht um die Struktur der subjektiven Erfahrung: Das heißt, dass die Art und Weise, wie Erfahrungen im menschlichen Geist organisiert sind und wirken, wie sie erinnert, vergessen und verändert werden können, ein System hat. Erfahrungen sind also nicht wie Wasser, das Sie in einen Eimer gießen, sondern eher wie die Farbenpalette, mit der Sie ein Bild malen.

Okay, also darum geht es. Aber was ist nun diese Struktur? Und woraus setzt sie sich zusammen? Ein Bild besteht aus Farben. Aber eine Erfahrung?

EXP

Denken Sie einmal kurz an etwas, das Sie erlebt haben. Am besten an etwas Schönes. Erleben Sie es innerlich noch einmal. Achten Sie ganz genau darauf, was alles Teil Ihres Wiedererlebens ist. Nachdem Sie das ein bis zwei Minuten lang gemacht haben, überlegen Sie einmal, ob etwas dabei war, das keine Sinneswahrnehmung war.

Zunächst möchte man glauben, dass eine Erfahrung etwas so Vielschichtiges ist, dass man keine »Bausteine«, keine Struktur, feststellen kann. Wenn Sie das Experiment gemacht haben, wissen Sie es vielleicht schon besser. Die Erfahrung hat durchaus Bausteine: und zwar die Sinneswahrnehmungen. Oder haben Sie etwas gefunden, das sich nicht aus sinnlichen Wahrnehmungen zusammensetzt?

Tatsächlich gibt es etwas, das nicht aus sinnlichen Wahrnehmungen besteht: die »Gestalt«, der Gesamteindruck, das Gefühl der Erfahrung. Es ist wie bei einem Gemälde: Es besteht nur aus Farben – doch das Bild ist mehr als die Farben. Die Art und Weise, wie die Farben zusammenwirken, macht das Bild aus. Unsere Erfahrung besteht »nur« aus Sinneswahrnehmungen – doch eine Erfahrung ist mehr als ihre Sinneswahrnehmungen. Die Struktur, die Art, wie die Wahrnehmungen zusammenwirken, ergibt den Gesamteindruck einer Erfahrung.

DEF

»Gestalt« bedeutet etwa das, was Aristoteles mit seinem berühmten Satz »Das Ganze ist mehr als die Summe seiner Teile« zum Ausdruck bringen wollte. Die Gestaltpsychologie beschreibt die menschliche Wahrnehmung als »Fähigkeit, Strukturen und Ordnungsprinzipien in Sinneseindrücken zu finden«. Das können Sie schnell selbst feststellen. Auf dem Bild sehen Sie drei Rechtecke. Doch auf dem Bild ist kein einziges Rechteck zu sehen! Ihr Gehirn ergänzt die fehlenden Teile nach dem Gestalt-Gesetz der »guten Fortsetzung«.

»Gestalt« ist übrigens eines der wenigen deutschen Wörter, die ins Englische übernommen wurden.

Abbildung zur Gestaltwahrnehmung

Was geschieht nun, wenn man nur einen kleinen Teil einer Struktur verändert?

Angenommen, Sie würden in einem Bild nur eine einzige Farbe verändern – was würde dann passieren? Unter Umständen gar nichts, denn es kommt natürlich ganz auf das Bild und die Farbe an. Manchmal wird sich das Bild jedoch allein dadurch so stark verändern, dass es nicht mehr wiederzuerkennen ist. Wenn Sie aus einem Bauklötzchen-Turm ein Klötzchen herausnehmen, dann passiert entweder gar nichts, oder der Turm wackelt, oder er stürzt sogar völlig ein.

Ebenso kann sich eine Erfahrung drastisch verändern, wenn Sie auch nur ein einziges Wahrnehmungselement verändern.

Und genau diese Möglichkeit nutzt NLP, um angenehme Erinnerungen zu intensivieren, neue Erfahrungen angenehm zu machen, unangenehme Erinnerungen zu neutralisieren und um innere Kräfte zu wecken.

Die Erfahrung verändern

Sie denken möglicherweise immer noch, das sei graue Theorie? Natürlich, denn Sie haben ja noch nicht die Erfahrung gemacht, was es praktisch bedeutet, die Struktur einer Erfahrung durch die Veränderung eines einzelnen Elements zu verändern. Mit der folgenden kurzen Übung, die der NLP-Mitbegründer Richard Bandler entworfen hat, können Sie einen ersten Eindruck davon bekommen.

Die Musik zum Film

TEC

- Stellen Sie sich eine (mäßig) unangenehme Situation vor, die Sie einmal erlebt haben. Drehen Sie einen inneren Film von dieser Situation. Stellen Sie sich die Situation so detailgetreu wie möglich vor: Was sehen, hören, spüren Sie? Sehen Sie sich dann Ihren inneren Film genau an und achten Sie dabei auf Ihre Gefühle.
- Suchen Sie sich eine Musik aus, die den negativen Gefühlen der unangenehmen Situation völlig widerspricht: beispielsweise Trickfilmmusik, Zirkusmusik oder Tanzmusik. Sehen Sie sich Ihren inneren Film mit der unangenehmen Situation noch einmal von vorne an, während Sie die gewählte Musik dazu erklingen lassen. Wiederholen Sie das ein paarmal.
- Erleben Sie Ihren Film nun noch einmal ohne Musik. Eigentlich ist jetzt alles wie zu Beginn der Übung. Aber achten Sie auf Ihre Gefühle! Bei 99 Prozent aller Menschen sind die negativen Gefühle verschwunden oder deutlich verringert – weil durch die veränderte Musik die Struktur der Erfahrung verändert wurde!

Bei den allermeisten NLP-Techniken geht es darum, die Struktur von Erfahrungen so zu verändern, dass es Ihnen guttut, Ihnen förderlich ist und Sie Ihren Zielen näherbringt.

Indem Sie die Struktur Ihrer positiven Erfahrungen untersuchen, erkennen Sie, was die entscheidenden Bestandteile Ihres Wohlbefindens sind. Dadurch können Sie Ihre Erfahrungen mit diesen Bestandteilen »aufladen« und so dafür sorgen, dass Sie mehr positive Erfahrungen machen.
Indem Sie die Struktur negativer Erfahrungen untersuchen, können Sie die entscheidenden Bestandteile dessen herausfinden, was die Erfahrung belastend macht und diese dann so verändern, dass die Erfahrungen positiv werden.

Die Sprache des Gehirns

Computer funktionieren mit einer Sprache, die nur zwei »Wörter« hat: 1 und 0. Da ein moderner Computer aber Millionen Informationen in einer Sekunde auswerten kann, ist er doch zu ganz erstaunlichen Dingen in der Lage. Die Sprache des Gehirns kennt wesentlich mehr Wörter. Und deshalb ist der Mensch auch zu wesentlich erstaunlicheren Dingen in der Lage als eine Maschine. Die Sprache des Gehirns besteht aus Sinneseindrücken. Wenn Sie sich mit NLP beschäftigen, werden Sie früher oder später und immer wieder auf den Begriff VAKOG stoßen. Dieses Kürzel steht für die fünf Sinne:

- V wie *visuell*: Sehen
- A wie *auditiv*: Hören
- K wie *kinästhetisch*: Fühlen
- O wie *olfaktorisch*: Riechen
- G wie *gustatorisch*: Schmecken

Es gibt allerdings mehr als fünf Sinne. Die kennen Sie nicht? Tatsächlich hört man nicht so oft von diesen Sinnen, obwohl sie genauso wichtig sind wie die fünf bekannteren. Ein paar dieser Sinne sind:

- Temperatursinn: Das sind eigentlich sogar zwei Sinne. Kälte- und Hitzewahrnehmung werden durch unterschiedliche Rezeptoren vermittelt.
- Schmerzempfindung: Es gibt Rezeptoren, die dem Gehirn Verletzungen melden. Doch das Schmerzgeschehen ist sehr vielschichtig, kein anderer Sinn ist so sehr von der Verarbeitung abhängig. Schmerzen können auftreten, obwohl keine Verletzung vorliegt, aber andererseits kann es auch geschehen, dass kein Schmerz auftritt, obwohl das Gewebe verletzt wurde – beim Sport kommt das häufig vor.
- Gleichgewichtssinn: Dieser Sinn sagt uns, wie die Lage unseres Körpers im Verhältnis zum Schwerkraftfeld ist.
- Propriozeption: Die »Eigenwahrnehmung«, die uns Auskunft über Körperhaltung und die Spannung unserer Muskeln gibt.
- Tiefensensibilität: Die Wahrnehmung innerer Organe, zum Beispiel die Bewegung des Darms oder des Herzens. Bewegungssinn: Der Bewegungssinn heißt auch »kinästhetische Wahrnehmung«. Im NLP wird »kinästhetisch« aber viel weiter gefasst: Es bezeichnet »fühlen« im weitesten Sinn und fasst Tastsinn, Tiefensensibilität, Temperatursinn, Schmerzempfindung, Tiefensensibilität und Gleichgewichtssinn zusammen.

NLP

VAKOG: Manchmal sehen Sie in Büchern zu NLP vielleicht auch nur »VAK«, das die drei Hauptsinne »Sehen«, »Hören« und »Fühlen« bezeichnet. Das ist schon sinnvoll, denn Sehen und Hören sind unsere »Fernsinne«, mit denen wir uns hauptsächlich in der

Außenwelt orientieren, und das Fühlen umfasst die Selbstwahrnehmung. Aber gleich, ob VAK oder VAKOG – im Grunde bedeutet beides im NLP einfach »mit allen Sinnen«.

Repräsentationssysteme und Submodalitäten

Es gibt nicht nur einige Sinne mehr, als man für gewöhnlich annimmt. Jeder Sinn hat auch wieder verschiedene Qualitäten.

Repräsentationssysteme: So werden im NLP die Sinne genannt. Das ist nicht willkürlich, sondern zeigt, dass ein bestimmter Aspekt der Sinne gemeint ist: Es geht nur um die Sinneskanäle, die die Information repräsentieren, nicht um das jeweilige Sinnes-Organ.
Submodalitäten: Damit sind die verschiedenen Qualitäten gemeint, die zu einem Sinneskanal gehören, also beispielsweise Farbe und Helligkeit beim visuellen Sinneskanal.

NLP

Sehen wir uns einmal die wichtigsten **Submodalitäten** der drei wichtigsten **Repräsentationssysteme** an:

Sehen (visuelles Repräsentationssystem): Farbe, Helligkeit, Entfernung, Größe, Transparenz, Bewegung, Struktur, Position, Form

Hören (auditives Repräsentationssystem): Tonhöhe, Qualität (dumpf, hell, schrill …), Lautstärke, Melodie, Rhythmus, Tempo, Position

Fühlen (kinästhetisches« Repräsentationssystem): Qualität (entspannt, rau, glatt, nass, hart …), Intensität, Temperatur, Position, Bewegung

Und wozu das alles? Nein, Sie müssen natürlich keine **Submodalitäten** auswendig lernen. Es geht nicht um abstraktes Wissen. Doch nun haben Sie vielleicht einen ersten Eindruck von der

Vielschichtigkeit der »Sprache des Gehirns« bekommen – und das wird Ihnen helfen, vorgestellte Erfahrungen genauer wahrzunehmen und subtil zu verändern. Bei der Übung **Die Musik zum Film** haben Sie schon ausprobieren können, wie eine Veränderung im auditiven Repräsentationssystem Ihre Gefühle positiv verändern kann.

In irgendeiner Form geht es bei allen NLP-Techniken darum, durch kleine Veränderungen der Wahrnehmung große Wirkungen auf unser Denken, Fühlen und Handeln zu erzielen.

Wahrnehmungsatome austauschen

Ob es nun Ängste, Unsicherheiten, Blockaden, Schmerzen oder belastende Ereignisse sind: Sie alle bestehen letztlich aus »Wahrnehmungsatomen« und haben eine Struktur, die sich verändern lässt.

Diese theoretischen Überlegungen führen direkt zu den unterschiedlichen NLP-Techniken. Dort wird konkret, was hier noch abstrakt klingt. Damit Sie den Grundsatz »Jede Erfahrung hat eine Struktur« wirklich verstehen, ist das Konkrete jedoch unverzichtbar. Deshalb wollen wir Ihnen jetzt auch gleich ein kleines Experiment vorschlagen.

EXP

Es gibt bestimmt irgendeine Kleinigkeit, die Sie ungern machen und immer wieder aufschieben oder eben mit Unwillen daran gehen. Beispielsweise das Bad putzen, die Unterlagen für die Steuererklärung in Ordnung bringen oder ein paar Fitnessübungen machen. Denken Sie nun daran, diese Sache jetzt gleich zu tun. Natürlich taucht der übliche Widerstand auf. Gut. Denn den wollen wir uns jetzt ansehen. Stellen Sie sich vor, wie Sie diese Sache tun. Vielleicht fällt es Ihnen nicht so leicht, sich etwas deutlich vorzustellen, aber das macht nichts – tun Sie es so gut es eben geht, das reicht. Wenn Sie sich beispielsweise vorstellen, dass Sie jetzt 20 Sit-ups machen sollen, spüren Sie vielleicht die Spannung in Ihrem Bauch, den Boden unter sich, hören Sie sich schnaufen, sehen sich die Übung ausführen. Und der Gesamteindruck ist eben so, dass er Widerstand bei Ihnen erzeugt. »Nicht jetzt!«, denken Sie. Und nun verändern Sie die **Submodalitäten** (vgl. Seite 27). Aber ändern Sie immer nur eine Kleinigkeit. Verändern Sie die Farben, die Klänge und das, was Sie spüren. Versuchen Sie beispielsweise zu sehen, wie Ihre Bauchmuskulatur kräftiger wird. Oder Sie fügen eine motivierende kraftvolle Musik hinzu. Oder Sie spüren, wie Ihr Körper leichter wird und die Übung fast von selbst geht. Experimentieren Sie ein wenig mit Ihrer Vorstellungskraft herum. Immer wenn Sie das Gefühl haben, dass es vielleicht tatsächlich nicht so schlimm wäre, die Sit-ups zu machen, haben Sie einen Teil entfernt, der die Vorstellung unangenehm werden ließ. Probieren Sie weiter herum. So lange, bis die Vorstellung, jetzt sofort ein paar Sit-ups zu machen, so angenehm erscheint, dass Sie gleich loslegen.

Wenn Sie die richtigen **Submodalitäten** verändert haben, wird das klappen – und bevor Sie weiterlesen, machen Sie erst einmal Sit-ups, putzen Sie oder ordnen Sie Ihre Unterlagen …

Sind Sie nun etwas außer Atem, weil Sie tatsächlich Sit-ups gemacht haben? Mir geht es gerade so. Wenn Sie die Übung übersprungen haben, überlegen Sie mal, ob Sie es nicht doch probieren möchten. NLP ist keine Theorie, sondern Praxis!

Die Erfahrung hat eine Struktur, und Sie können diese Struktur mit Vorstellungen, Worten, Bildern, Gerüchen, Bewegungen verändern. Und zwar jede Erfahrung! Das ist ein ganz wesentliches Prinzip des NLP.

Wir empfehlen Ihnen, das Buch an dieser Stelle beiseitezulegen und das, was Sie gerade gelesen haben, in Ihrem täglichen Leben auszuprobieren. Im ersten Teil des Buchs werden Sie noch einige Male auf diesen Hinweis stoßen. Dabei geht es immer um ganz zentrale Konzepte im NLP. Wenn Sie nur darüber lesen, werden Sie verstehen, worum es im NLP geht. Wenn Sie hingegen drei Tage lang jeden dieser Punkte in Ihrem täglichen Leben umsetzen, wird NLP wirklich für Sie zu leben beginnen!
Wo auch immer Sie gerade sind, können Sie ausprobieren, wie Ihre Wahrnehmung intensiver wird, wenn Sie einmal ganz bewusst die verschiedenen **Submodalitäten** Ihrer momentanen Erfahrung wahrnehmen. Sehen Sie genau hin, sehen Sie die Farben, Formen, Strukturen …, hören Sie genau hin, hören Sie die Lautstärke, die Position der Klänge um Sie herum, die Qualität der Geräusche …, spüren Sie Ihren Körper, spüren Sie die Temperatur, Ihre Position im Raum, die Stellung Ihrer Gliedmaßen … Schnuppern Sie die Luft, die Sie umgibt … Probieren Sie aus, was geschieht, wenn Sie sich immer wieder einmal kurz die Vielfalt der Sinneswahrnehmungen (in der NLP-Sprache: der Repräsentationssysteme und **Submodalitäten**) vergegenwärtigen.
Sie können das sowohl nach außen als auch nach innen gerichtet tun. Sie können also überprüfen, was Sie von der Welt wahrnehmen, aber auch, aus welchen Sinneswahrnehmungen Ihre Erinnerungen, Vorstellungen und Pläne zusammengesetzt sind. Beides ist spannend und wird Ihre Welt bereichern! Je detaillierter Sie wahrnehmen, desto bunter wird Ihre innere und damit die äußere Welt!

Die Grundannahmen des NLP

NLP ist keine wissenschaftliche Theorie. Aber den NLP-Methoden liegen viele verschiedene wissenschaftlich gut belegbare Theorien zugrunde: Gestaltpsychologie, klientenzentrierte Therapie, kognitive Verhaltenstherapie, Psycholinguistik, Kognitionswissenschaften, Hypnotherapie und andere. Außerdem besitzt NLP hat mit dem Konstruktivismus auch ein philosophisches Fundament. Der Konstruktivismus besagt, eine »objektive Realität« könne nicht erkannt werden; das heißt, jeder Mensch konstruiert seine Welt erst in seinem Kopf. Doch Theorien spielen im NLP keine besondere Rolle. Hier geht es nur um eins: Funktioniert es?
In diesem Sinn sind auch die Axiome oder Grundsätze des NLP zu verstehen. Diese Grundsätze nehmen nicht für sich in Anspruch, die Wahrheit über die Welt im Allgemeinen und den Menschen im Besonderen zu verkünden. Sie sollen dabei helfen, auf eine Art und Weise an Schwierigkeiten und Probleme heranzugehen, die Lösungen erleichtert.

DEF

Ein Axiom ist ein grundlegender Satz einer Theorie, Weltanschauung oder Methode, der innerhalb dieser Theorie nicht begründet werden kann. »Jeder Mensch ist vor dem Gesetz gleich« ist beispielsweise ein Axiom oder Grundsatz der humanistischen, aufgeklärten Weltsicht.

In vielerlei Hinsicht sind die Grundsätze die Essenz des NLP, das, was NLP ausmacht: Wenn Sie die folgenden Grundsätze verinnerlicht haben, wird es Ihnen nicht nur leichter fallen, die NLP-Methoden zu verstehen – Ihr Leben wird allein dadurch schon einfacher und stärker erfolgsorientiert. Das Lesen und Darüber-Nachdenken ist ein erster Schritt.

Grundsätze des NLP

1. Menschen handeln aufgrund ihrer Erfahrung, nicht aufgrund der Wirklichkeit.
2. Jedem Verhalten liegt eine positive Absicht zugrunde.
3. Niemand hat nur ein Motiv.
4. Die Vorstellungskraft ist immer stärker als die Willenskraft.
5. Für jedes Problem gibt es eine Lösung.
6. Man kann nicht nicht kommunizieren.
7. Die Bedeutung der Kommunikation liegt in ihrem Ergebnis.
8. Körper und Geist sind Teile eines Systems.
9. Es gibt kein Scheitern, nur Feedback.
10. Wenn etwas nicht funktioniert, probiere etwas anderes.

Das Lesen allein bringt Sie noch nicht voran. Beziehen Sie jeden Grundsatz einen Tag (oder noch besser mehrere Tage) lang ganz in Ihr Leben ein. Wie Sie das tun können, dafür werden wir Ihnen natürlich bei jedem Grundsatz Tipps geben. Also lesen Sie am besten immer nur einen Grundsatz, und dann – bevor Sie weiterlesen – finden Sie heraus, was er für Ihr Leben bedeutet.

1. Grundsatz: Menschen handeln aufgrund ihrer Erfahrung, nicht aufgrund der Wirklichkeit

Wir gehen normalerweise davon aus, dass die Welt da ist und wir sie so sehen, wie sie ist. Um zu überleben, reicht das meistens. So wie ein Stadtplan, der die wichtigsten Straßen enthält, ausreicht, um irgendwie durch eine Stadt zu kommen. In einer Stadt kann man sich am Stadtplan orientieren. Trotzdem würden Sie niemals den Fehler machen, den Stadtplan mit der Stadt zu verwechseln. Selbst wenn Sie einen Super-Stadtplan hätten, in dem alle Sehenswürdigkeiten verzeichnet sind, wüssten Sie ganz genau, dass es noch viel, viel mehr gibt. Sie kämen wohl auch nie auf die Idee,

eine Städtereise nach Paris abzusagen, weil Sie ja schon einen Stadtplan von Paris haben.
Nun ist das bei gedruckten Stadtplänen natürlich banal. Viel interessanter hingegen ist die Erkenntnis, dass wir die Welt an sich gar nicht wahrnehmen. Wir nehmen Sinneseindrücke wahr – und aus diesen konstruiert sich unser Gehirn eine »Karte« von der Welt. Aber natürlich kann diese innere Darstellung der Welt niemals die ganze Welt abbilden! Das heißt, wir haben nur mehr oder weniger detaillierte innere Landkarten von der Welt und können nur das erkennen, was in unserer mentalen Landkarte eingezeichnet ist. Doch es gibt natürlich viel, viel mehr, als selbst in der besten Karte steht. Der polnische Linguist und Philosoph Alfred Korzybski (1879-1950) hat diese Erkenntnis in dem im NLP oft zitierten Satz »Die Landkarte ist nicht das Gebiet« prägnant formuliert.

Wie mentale Karten entstehen

Ihre mentale Karte von der Welt ist im Lauf Ihres Lebens durch die Erfahrungen, die Sie gemacht haben, entstanden. Hätten Sie andere Erfahrungen gemacht, sähe die Welt für Sie anders aus, da Ihre mentale Karte eine andere wäre. Es ist natürlich sehr schwer, sich das wirklich vorzustellen – die Welt sieht ja aus, wie sie nun einmal aussieht, oder?
Carl sieht einen See und denkt dabei an Nässe, Kälte, Ertrinken und die Gefahr der Tiefe. Tina sieht denselben See und denkt an Spaß, Schwimmen, Sommer und Leichtigkeit. Sehen beide wirklich denselben See?

EXP

Halten Sie kurz inne und versuchen Sie, sich zu erinnern, wie Sie als Kind die Welt wahrgenommen haben. Vielleicht können Sie sich erinnern an die Zeit, als ein Kinderkarussell ein wunderbares Abenteuer war, oder als ein einfacher Füller, ein Federmäppchen oder ein Schraubenzieher ein unfassbar begehrenswertes Objekt darstellte, oder als Sie ein Plüschtier über alles liebten. Oder Sie merken, wie riesig Ihnen alles erschien. Als Kind sah die Welt anders aus, und in vielerlei Hinsicht war sie das auch.

Wir orientieren uns in der Welt nach unserer individuellen inneren mentalen »Landkarte« von der Welt. Das wäre nun nicht viel mehr als ein interessantes Gedankenspiel, wenn wir unsere mentalen Karten von der Welt schon bei der Geburt mitbekommen hätten und nichts daran ändern könnten. Doch wir können unsere mentalen Karten nicht nur ändern – wir tun es andauernd, solange wir leben. Wir können sie verbessern, verfeinern und auf den neuesten Stand bringen. NLP dient dazu, unsere mentalen Karten flexibel zu machen, alte, unbrauchbare Wege zu markieren und neue Wege einzuzeichnen. Und wenn wir verstanden haben, dass sich jeder von uns in seinem Leben an seiner mentalen Karte der Welt orientiert, wird es uns auch leichter fallen, andere Menschen zu verstehen. Wir kennen ihre Karten nicht, aber immerhin wissen wir, dass ihre mentalen Karten andere sind als unsere. Manchmal macht allein das schon einen gewaltigen Unterschied. Wenn wir begreifen, dass »Wirklichkeit« relativ ist, werden wir versuchen, tatsächlich zu kommunizieren, anstatt mit anderen Menschen darüber zu streiten, was »wirklich« ist. Die Wirklichkeit des Chefs ist eine andere als die des Angestellten. Die Wirklichkeit eines Kindes ist anders als die eines Erwachsenen. Die Wirklichkeit einer Frau ist eine andere als die eines Mannes.

Wie wir unsere mentalen Karten verändern

Vom Zeitpunkt unserer Geburt an verändern wir unsere mentalen Landkarten. Zuerst sind nur sehr wenige Wege und Gebiete auf der Karte eingezeichnet. Aber indem wir uns Wege durch unser

Leben bahnen, verfeinern wir unsere Weltkarte. Anfangs probieren wir noch viele neue Wege aus, doch irgendwann finden wir einen besonders guten Weg und gehen diesen immer öfter. Es wird uns zur Gewohnheit, diesen Weg einzuschlagen – auch wenn sich das Gebiet verändert hat und neue Möglichkeiten hinzugekommen und alte Wege unpraktisch geworden sind!
Vielleicht hat ein Kind gelernt, dass es sich durchsetzen kann, wenn es nur heftig genug auf seinem Willen besteht, wenn es schreit und aggressiv ist. Auf seiner mentalen Karte der Welt ist das aggressive Schreien als schneller Weg zum Ziel markiert. Diese Strategie wird später in der Regel nicht mehr erfolgreich sein – zumindest gibt es effektivere Wege. Doch das ineffektive Verhalten wird sich nicht ändern, solange die mentale Welt-Karte des betreffenden Menschen dieses Verhalten als gut und effektiv darstellt. Vielleicht keimt dann verschwommen der Wunsch auf, es sollte etwas anders werden. Doch eine Veränderung wird erst dann eintreten, wenn ein neuer Weg erkundet und auf der mentalen Karte verzeichnet wurde. NLP erleichtert es, neue Weg zu erkunden und alte Wege als Sackgassen zu markieren. Es ist also wichtig, unsere mentale Karte von der Welt immer auf dem neuesten Stand zu halten, um uns optimal auf unserem Lebensweg orientieren und fortbewegen zu können.

Die beste Karte ist diejenige, die am meisten Wege zeigt.
Eine Karte, die nur einen Weg zeigt, ist ziemlich überflüssig. Es besteht keine Wahlmöglichkeit. Je genauer die Karte ist und um so mehr Wege sie zeigt, desto mehr Möglichkeiten gibt es, ans Ziel zu kommen. Flexibilität ist der Schlüssel zum Erfolg. Wenn wir nur eine Möglichkeit haben, auf ein Ereignis zu reagieren, sind wir sehr eingeschränkt in unserem Handeln. Bei starken Ängsten beispielsweise haben die Betroffenen in der angstauslösenden Situation

nur eine Möglichkeit: Panik. Jemand mit etwas weniger Angst hat schon zwei Möglichkeiten: Flucht oder Aushalten. Ohne Angst sind die Möglichkeiten vielfältig: Unter anderem kann man die Situation auch genießen!

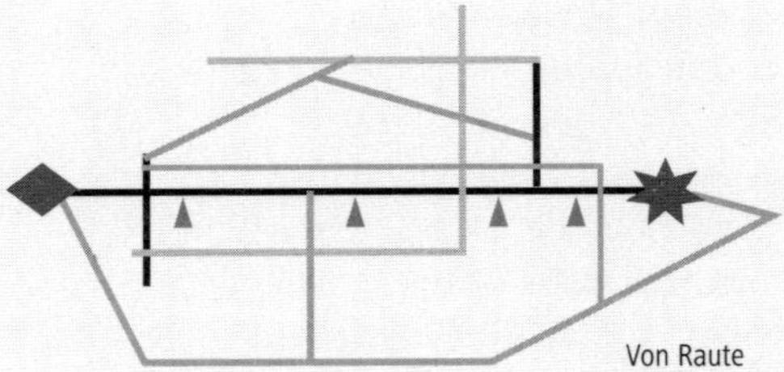

Von Raute nach Stern

Von Raute nach Stern führt ein gerader Weg. Doch sobald Hindernisse auftauchen, zeigt sich, wie wertvoll es ist, mehr als nur den einen Weg zu kennen. Je mehr Wege zur Verfügung stehen, desto sicherer wird das Ziel erreicht.

Die Möglichkeiten sind ja aber alle schon in der Welt vorhanden! Nur: Die mentalen Karten von der Welt zeigen diese Möglichkeiten, oder sie zeigen sie nicht. Und da wir uns an unseren mentalen Karten orientieren, können wir nur diejenigen Wege erkennen, die dort eingetragen sind! Um unsere Wahlmöglichkeiten und unsere Erfolgschancen zu verbessern, müssen wir also unsere mentalen Karten auf den neuesten Stand bringen, indem wir immer wieder neue Wege erkunden und beschwerlich gewordene Wege als solche markieren.

NLP hilft Ihnen dabei, neue Wege gefahrlos zu erkunden und Ihre mentale Karte aktuell zu halten.

PRA

Wir empfehlen Ihnen, das Buch an dieser Stelle für einen Tag wegzulegen. Versuchen Sie, mindestens einen Tag lang, die Idee des ersten Grundsatzes in Ihrem täglichen Leben auszuprobieren. Probieren Sie aus, was geschieht, wenn Sie immer wieder einmal kurz innehalten und überlegen, wie Sie Menschen, Ereignisse und

Dinge auf eine ganz neue Art und Weise betrachten können. Es geht dabei erst einmal nicht um »besser« oder »schlechter«, sondern nur darum, dass Sie Ihr Repertoire an Sichtweisen erweitern – das verhilft Ihnen nicht nur zu einem besseren Verständnis für Menschen und ihre Handlungsweisen, sondern ermöglicht Ihnen auch, flexibler zu handeln.

2. Grundsatz: Jedem Verhalten liegt eine positive Absicht zugrunde

Dieser Grundsatz heißt auch: Menschen treffen immer die beste Wahl, die ihnen nach ihrem Modell der Welt möglich ist. Man könnte auch sagen: Jede Handlung dient einem Zweck. Das heißt nicht, dass jedes Verhalten gut wäre. Es gibt selbstverständlich völlig inakzeptable Verhaltensweisen.

Das Entscheidende an diesem Grundsatz ist »nach ihrem Modell der Welt«. Wenn wir eine subjektiv positive Absicht akzeptieren, bedeutet das nicht, die Handlung selbst oder die möglichen Auswirkungen einer Handlung zu akzeptieren.

Ist das nicht Wortklauberei? Was soll das bringen?

Was andere Menschen tun, wird Ihnen manchmal seltsam, abwegig oder geradezu böse erscheinen. Damit können Sie auch völlig recht haben. Doch wenn Ihnen klar ist, dass immer eine positive Absicht dahintersteht, haben Sie eine Chance zu verstehen. Und nur wenn Sie verstehen, haben Sie eine Chance, etwas zu verändern! Wenn Sie als Coach, Lehrer, Berater oder Trainer tätig sind, ist es für Sie sogar unverzichtbar, Ihre Klienten zu verstehen, wenn Sie ihnen helfen wollen.

Und wenn Sie an sich selbst arbeiten, ist es ebenso wichtig, dass Sie verstehen, dass Ihre Handlungen einen Sinn haben. Wenn Sie wissen, warum Sie etwas tun, das Sie im Grund für falsch halten, werden Sie leichter mit sich ins Reine kommen. Wenn Sie die positive Absicht kennen, die hinter einem unerwünschten Verhalten steht, werden Sie auch Wege finden, die positive Absicht durch ein sinnvolleres Verhalten zu verwirklichen.

Halten Sie einmal kurz inne und denken Sie an eine Person, deren Verhalten Sie unmöglich finden. Es sollte kein schreckliches Verbrechen sein und niemand, den Sie persönlich kennen.
Wenn Sie nun an diese Person denken, spüren Sie Ärger oder Wut. Natürlich! Das Verhalten dieses Menschen war ja wirklich nicht »in Ordnung«.
Überlegen Sie sich nun irgendwelche Umstände, die sein Verhalten in einem ganz anderen Licht erscheinen lassen. Es geht nicht darum, dass diese Umstände zutreffen oder auch nur wahrscheinlich sind. Aber was auch immer es ist – es gibt Umstände, die das Verhalten der/s Betreffenden verständlich erscheinen lassen.

Ein Beispiel, das vor kurzem in der Zeitung stand, zeigt, wie sich die Bewertung eines Verhaltens völlig verändern, ja sogar ins Gegenteil verkehren kann, wenn man die positive Absicht dahinter kennt.
Eine ältere Dame beobachtete einen Jugendlichen, der sich an einem Auto zu schaffen machte. Er blickte um sich; niemand war zu sehen. Dann hob er einen Stein auf und schlug eine Scheibe des Autos ein. Die alte Dame rief sofort die Polizei. Nach wenigen Minuten war die Polizei vor Ort – und stellte fest, dass der junge Mann ein Baby, das zu ersticken drohte, aus dem verschlossenen Auto geholt und dadurch in letzter Minute das Leben des Kindes gerettet hatte.
In dem Beispiel ist die positive Absicht unmittelbar klar. Aber was wäre wohl, wenn die alte Dame einfach den Kopf geschüttelt und sich lediglich über den Verfall der Sitten aufgeregt hätte? Sie

hätte die positive Absicht des jungen Mannes nie erfahren und ihr Weltbild verfestigt, wonach die Jugend immer schlimmer wird.

Positive Absichten müssen nicht bewusst sein

Oft ist die positive Absicht nun leider äußerlich gar nicht sichtbar. Oder sie ist so tief im Unterbewussten verborgen, dass der Betroffene selbst seine positive Absicht gar nicht kennt. Das ist fast immer der Fall, wenn jemand eine schlechte Gewohnheit verändern will. Kaum jemand ist sich darüber klar, dass hinter einer schlechten Gewohnheit, die ihm zu schaffen macht, immer eine positive Absicht steht. Deshalb ist es doppelt schwer, schlechte Gewohnheiten zu verändern. Ohne Verständnis keine Veränderung!

Nehmen wir an, Sie rauchen und wollen mit dem Rauchen aufhören. Eine sehr gute Idee! Aber ist es da nicht unsinnig anzunehmen, Ihr Rauchen hätte eine positive Absicht? Schauen wir uns das Ganze doch einmal genauer an. In der Situation, in der sich ein Verhalten entwickelte, hatte es positive Auswirkungen. Sonst wäre es ja nicht auf der mentalen Landkarte als ein vorteilhafter Weg eingetragen worden – und Sie hätten dieses Verhalten nicht. Sie haben beispielsweise irgendwann einmal die Erfahrung gemacht, dass sich eine Zigarette entspannend und konzentrationssteigernd auf Sie auswirkt. Ihre positive Absicht besteht also darin, Entspannung und Konzentration zu fördern. Oder Sie haben in Ihrer Jugend mit dem Rauchen angefangen, weil es in Ihrer Clique einfach dazugehörte und als cool galt. Die positive Absicht besteht also darin, eine gute Zeit mit Freunden zu verbringen und Anerkennung zu erhalten.

Wenn Sie nun mit dem Rauchen aufhören wollen, tun Sie gut daran, diese positive Absicht zu berücksichtigen. Das Aufhören wird erst möglich, wenn Sie einen Weg finden, der genau diese positive Absicht verfolgt – aber nicht wie bisher über das Rauchen führt. Es ist von größter Wichtigkeit, die ursprüngliche positive Absicht hinter einem negativ bewerteten Verhalten zu erkennen, um ein neues Verhalten entwickeln zu können! Lässt man die positive Absicht außer Acht, wird immer ein innerer Widerstand bleiben, der den Versuch, den neuen Weg zu beschreiten, behindert. Im NLP werden wir daher immer zuerst die positiven Absichten eines »Problems« ergründen. Dann können wir viel leichter neue Wege finden, die die positive Absicht mit effektiverem Verhalten verwirklichen.

Wir empfehlen Ihnen, das Buch an dieser Stelle für einen Tag wegzulegen. Versuchen Sie, mindestens einen Tag lang, die Idee des zweiten Grundsatzes in Ihrem täglichen Leben auszuprobieren.
Wenn Sie sich über jemanden ärgern, machen Sie sich erst einmal klar, dass Sie sich nicht wirklich über den Menschen, sondern über sein Verhalten ärgern. Oder sogar über ganz etwas anderes! Und dann versuchen Sie, sich eine positive Absicht hinter diesem Verhalten vorzustellen, mit der sinnvoll erscheint. Das muss nicht die »wahre« Absicht sein. Es sollte nur eine sein, für die Sie Verständnis aufbringen. Sie werden staunen, wieviel Gelassenheit Sie dadurch gewinnen!
Wenn Sie sich über sich selbst ärgern – auch bei Kleinigkeiten –, machen Sie dasselbe. Aber in diesem Fall müssen Sie sich keine positive Absicht zusammenreimen. Die positive Absicht ist ja in Ihnen – versuchen Sie, sie zu entdecken. Wenn Sie sich selbst verstehen, werden Sie auch sich selbst gegenüber gelassener sein!

3. Grundsatz: Niemand hat nur ein Motiv

Vielleicht haben Sie ja schon einige Motivations-Ratgeber gelesen, fühlten sich zunächst auch sehr motiviert und dachten, Sie könnten alles schaffen, wenn Sie nur wollten. Und dann kam es doch anders, und Sie konnten doch nicht allzuviel verändern. Der »innere Schweinehund« hat Sie daran gehindert.

DEF

Motiv kommt vom lateinischen movere »bewegen«. Ein Motiv ist also ein »Beweg-Grund«, etwas, das uns dazu antreibt, uns in eine bestimmte Richtung zu bewegen.

Das Problem ist, dass oft so getan wird, als hätten Menschen nur ein Motiv – und wenn sie nur mit der richtigen Einstellung und einem starken Willen loslegten, ginge alles. Menschen sind aber nicht so einfach gestrickt. Ein bestimmtes Motiv kann so weit im Vordergrund stehen, dass wir glauben, es wäre das einzige. Doch es gibt immer eine ganze Reihe von Motiven, die uns bewegen – und manche davon sind uns gar nicht bewusst.

EXP

Wahrscheinlich hätten Sie gerne ein paar Millionen Euro auf der hohen Kante. Finanzielle Unabhängigkeit ist meist ein starkes Motiv. Dafür würden Sie wohl einiges tun. Wenn Ihnen jemand in Aussicht stellt, Sie könnten mit wenig Anstrengung zu einer Million kommen, wären Sie wohl ziemlich motiviert. Doch wenn das Angebot nun daran hängt, dass Sie bei einem Bankraub mitmachen oder Ihre große Liebe verlassen – dann würden Sie (hoffentlich!) ablehnen. Ja, Sie sind motiviert, viel Geld zu bekommen. Doch andere Motive, die gleichzeitig wirken, sind stärker!

Im NLP geht es auch darum, zu motivieren – aber unter Berücksichtigung all Ihrer Motive. All Ihre Motive haben positive Absichten (vgl. **Grundsätze des NLP** Nr. 2). Deshalb hat es auch wenig Sinn, sie zu unterdrücken. Es gibt keinen »inneren Schweinehund«! Es gibt nur Motive, die Ihrem aktuellen bewussten Hauptmotiv entgegenstehen. Wir werden Ihnen Wege zeigen, wie Sie Ihre Motive effektiv zusammenarbeiten lassen: Dann wird es Ihnen viel leichter fallen, Ihre Ziele zu erreichen.

PRA

Wir empfehlen Ihnen, das Buch an dieser Stelle für einen Tag wegzulegen. Versuchen Sie, mindestens einen Tag lang, die Idee des dritten Grundsatzes in Ihrem täglichen Leben zu ergründen. Sehen Sie sich Ihre Motive genauer an – und zwar unter dem Aspekt, dass Sie nie nur eines haben. Hören Sie in sich hinein und nehmen Sie Ihre inneren Stimmen ernst. Sie haben Ihnen etwas Wichtiges zu sagen.

4. Grundsatz: Die Vorstellungskraft ist immer stärker als die Willenskraft

Wenn Menschen etwas überschätzen, dann ist es die Kraft des Willens. Sicher, es gibt Menschen, die einen starken Willen haben und sich weder durch äußere noch durch innere Widerstände von ihrem Weg abbringen lassen. Solche Menschen können bewundernswerte Leistungen vollbringen. Da liegt es natürlich nahe zu glauben, der Weg zum Erfolg liege in einer starken Willenskraft. Also muss man seinen Willen trainieren, sich einfach sagen »Ich will!«, oder sich damit abfinden, dass man ein Mensch mit schwacher Willenskraft ist.

Aber stimmt das überhaupt? Ist der Wille wirklich das, was Menschen dazu antreibt, auch bei Widerständen durchzuhalten oder überhaupt etwas auf den Weg zu bringen?

EXP

Nehmen Sie sich eine Minute Zeit für das Experiment – es dauert wirklich nur kurz, bringt Ihnen aber vielleicht eine sehr interessante Erkenntnis.

Stehen Sie auf, heben Sie Ihre Arme seitlich und dann drehen Sie Ihren Oberkörper langsam so weit es geht nach links. Achten Sie darauf, wie weit Sie sich drehen können; merken Sie sich den Punkt an der Wand, auf den Ihr linker Zeigefinger zeigt. Setzen Sie Ihre ganze Willenskraft ein, um sich so weit zu drehen wie möglich – natürlich sollten Sie aber auf Ihre Grenzen achten!
Entspannen Sie sich kurz. Jetzt drehen Sie sich nochmals langsam nach links. Aber diesmal stellen Sie sich vor, ein starkes Gummiband hielte Ihre Bewegung zurück. Drehen Sie sich gegen den Zug dieses vorgestellten Gummibands so weit es geht. Und dann stellen Sie sich vor, das Gummiband würde plötzlich durchgeschnitten – so können Sie sich noch weiter drehen.
Und nun vergleichen Sie: Wir sind uns sicher, dass Sie sich bei Ihrem zweiten Versuch weiter drehen konnten, vielleicht sogar deutlich weiter. Ihre Vorstellung hat mehr bewirkt als Ihre reine Willenskraft!

Es gibt eine Kraft in Ihnen, die wesentlich stärker ist als Ihre Willenskraft – und zwar ganz unabhängig davon, wie stark Ihr Wille ist: Ihre Vorstellungskraft! Das hat Émile Coué, der »Vater der Autosuggestion«, schon vor über 100 Jahren herausgefunden und als »Lehrsatz« formuliert: »Wenn Wille und Vorstellungskraft streiten, gewinnt immer die Vorstellungskraft – ohne jegliche Ausnahme!«
Nun ist es ja nicht so, dass der Wille überhaupt keine Rolle spielte. Um noch einmal Coué zu zitieren: »Wenn Wille und Vorstellungskraft übereinstimmen, addieren sie sich nicht nur, sondern multiplizieren sich miteinander.« Und, ganz wichtig: »Die Vorstellungskraft ist lenkbar.«
NLP hilft Ihnen, Ihre Vorstellungskraft effektiv zu lenken – und Ihren Willen zu entwickeln. Und wenn sich die beiden dann multiplizieren, werden sich Ihre Möglichkeiten vervielfachen!

PRA

Legen Sie das Buch nun wieder für einen Tag zur Seite. Versuchen Sie, mindestens einen Tag lang die Idee des vierten Grundsatzes in Ihrem täglichen Leben auszuprobieren.
Sie müssen viel weniger in den Lauf der Dinge eingreifen, als Sie glauben. Beobachten Sie einfach erst einmal: Wo setzen Sie Ihre Willenskraft ein? Wo setzen Sie Ihre Vorstellungskraft ein? Wann fühlen Sie sich besser? Wann sind Sie erfolgreich bei dem, was Sie tun?

5. Grundsatz: Für jedes Problem gibt es eine Lösung

Im NLP gehen wir davon aus, dass es zu jedem, wirklich jedem, Problem eine Lösung gibt. Ein wenig naiv? Keineswegs! Natürlich ist nicht jede Lösung, die wir uns für ein Problem vorstellen, auch realisierbar. Doch die scheinbare Unlösbarkeit eines Problems liegt nicht in dem Problem begründet, sondern in den Lösungswegen zur Lösung, die wir sehen können.
Eine solche Behauptung wird bei Ihnen verständlicherweise große Widerstände auslösen, wenn Sie in einer schwierigen Lage stecken. Natürlich gibt es Probleme, die so gewaltig sind, dass sie ausweglos erscheinen. Wenn Sie gerade arbeitslos geworden sind und ein Alter haben, in dem man nur schwer einen neuen Job findet; wenn ein geliebter Mensch gestorben ist; wenn Sie Ihre große Liebe verlassen hat; wenn Sie in der Gewalt von Verbrechern sind; wenn Sie eine Krankheit haben, an der Sie sterben werden – da kann es geradezu zynisch klingen, wenn man behauptet, es gäbe für jedes Problem eine Lösung.

EXP

Stellen Sie sich ein Problem vor, das Sie für unlösbar halten. Für dieses Experiment nehmen Sie besser eines, von dem Sie nicht selbst betroffen sind.

Und nun überlegen Sie erst einmal: Welche Vorteile bringt es, das Problem als unlösbar zu betrachten? Hören Sie in sich hinein, welche Gefühle in Ihnen auftauchen, wenn Sie daran denken, dass es keine Lösung gibt.
Und dann überlegen Sie: Welche – und seien es auch völlig abwegige – Lösungen könnte es vielleicht doch geben? Lassen Sie Ihrer Fantasie freien Lauf. Und achten Sie darauf, welche Gefühle nun in Ihnen auftauchen.

Ebenso wie Erfahrungen haben auch Probleme stets eine Struktur. Ein Problem steht wie eine Mauer vor uns auf unserem Weg; solange wir die Mauer als massives Hindernis betrachten, können wir keine Lösung erkennen. Wenn wir uns diese Mauer aber genau ansehen, können wir ihre Höhe, ihre Breite, ihr Material, ihren Aufbau erkennen – und es ergeben sich Wege, das Hindernis zu überwinden. Ist die Mauer wirklich so hoch, dass wir nicht darüberklettern können? Ist es vielleicht ganz einfach: Könnten wir um die Mauer herumgehen, einen Tunnel drunterdurch graben, sie mit einem Fußtritt umstoßen oder ein Loch hineinhauen? Oder ist vielleicht sogar eine Tür in der Mauer, die wir nur öffnen müssen, um unseren Weg fortzusetzen? Oder ist es vielleicht möglich, dass das Problem einfach verschwindet, wenn man es gar nicht als Problem definiert? Müssen wir denn überhaupt in die Richtung, in der die Mauer uns den Weg versperrt?

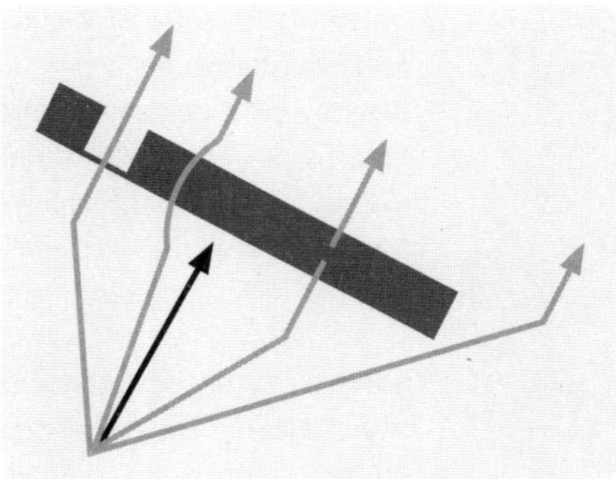

Ein Problem mit vielen Lösungen

Die Probleme sind nicht das Problem

Ein Problem ist erst einmal ein Ereignis in der Welt. Für sich selbst ist nichts, was geschieht, ein Problem. Das Problem entsteht erst durch die Interpretation gemäß unserem Modell von der Welt, unserer mentalen Weltkarte. Das heißt selbstverständlich nicht, dass wir »schuld« wären an unseren Problemen oder dass wir jedes Problem im Handumdrehen aus der Welt schaffen könnten. Doch wenn wir voraussetzen, dass es für jedes Problem irgendeine Lösung gibt, werden wir Probleme nicht mehr als unlösbar betrachten und verzweifeln, sondern ausprobieren, wie wir vorgehen könnten, damit sich das Problem auflöst.

Das Gefühl der Hilflosigkeit führt zu Depressionen. Das Gefühl, eine Aufgabe zu haben, gibt Kraft.

Lassen Sie uns noch einmal erwähnen, dass es im NLP nur darum geht, was funktioniert und nützt. Stellen Sie sich unter diesem Gesichtspunkt noch einmal die Frage: Was bringt es mir zu glauben, ein Problem wäre unlösbar? Was bringt es mir anzunehmen, dass jedes Problem eine Lösung hat?

NLP besteht zu einem großen Teil darin, den Wechsel von der Problemorientierung hin zur Zielorientierung zu vollziehen. Viele Menschen sind der Problemorientierung so sehr verhaftet, dass ihnen schon die Vorstellung, jedes Problem könnte eine Lösung haben, Unbehagen verursacht – ohne »Problem als Leitfaden« verlieren sie die Orientierung. Eine Problemorientierung führt zur aktiven Suche nach Problemen; die Zielorientierung führt zur Suche nach Zielen und Problemlösungen.

PRA

Legen Sie das Buch wieder einmal für einen Tag beiseite. Versuchen Sie, mindestens einen Tag lang, die Idee des fünften Grundsatzes in Ihrem täglichen Leben auszuprobieren. Hoffentlich leiden Sie nicht ständig unter Problemen, die Sie als unlösbar betrachten! Doch sicher sehen Sie in den Nachrichten, in der Zeitung oder in Ihrer Verwandtschaft Probleme. Und bestimmt gibt es auch kleinere Probleme in Ihrem Privat- oder Berufsleben. Versuchen Sie, an jedes Problem mit dem Grundsatz »Für jedes Problem gibt es eine Lösung« heranzugehen. Sie werden dadurch nicht alle Probleme der Welt lösen – aber Sie erweitern Ihre gedanklichen Spielräume und Ihre geistige Flexibilität. Und das löst kleinere Probleme schnell – bei größeren dauert es eben etwas länger.

6. Grundsatz: Man kann nicht nicht kommunizieren

Der Satz »Man kann nicht nicht kommunizieren« ist eine der bekanntesten Aussagen des Philosophen, Psychotherapeuten und Kommunikationswissenschaftlers Paul Watzlawick (1921-2007). Falls noch nicht ganz klar ist, was das bedeutet, hier noch einmal mit anderen Worten: Sie kommunizieren immer – es ist nicht möglich, das nicht zu tun. Sobald Sie mit anderen Menschen zu tun haben, kommunizieren Sie mit ihnen.

Natürlich können Sie schweigen und ganz still in einer Ecke sitzen – doch auch das »sagt« etwas. Auch damit würden Sie etwas kommunizieren. Manchmal ist Schweigen ausdrucksstärker als tausend Worte.

Halten Sie einmal kurz inne und stellen Sie sich vor, Sie hätten einen Streit mit einem Freund – so etwas kommt ja vor. Ihr Freund will weder klein beigeben noch den Streit weiterführen. Also sagt er kein Wort mehr.

Wäre für Sie damit alles in Ordnung? Oder werden Sie durch das beharrliche Schweigen eher noch ärgerlicher? Vor allem, wenn Sie Ihren Freund auffordern, doch endlich Position zu beziehen und er einfach das Zimmer verlässt?

EXP

Da es aber ganz unmöglich ist, nicht zu kommunizieren, wird klar, wie wichtig es ist, richtig zu kommunizieren. Kommunikation und der Aufbau eines Rapports (eines »guten Drahts«) ist daher auch eine der Säulen von NLP. Jede menschliche Beziehung ist von einer guten Kommunikation abhängig – jede Beziehung, ob zu Freunden, zum Partner, zu Ihren Kindern, zu Mitarbeitern und Kollegen oder als Therapeut zu Klienten. Die Alternative »nicht kommunizieren« existiert nicht. Es gibt ebenso wenig ein Gegenteil von Kommunikation wie ein Gegenteil von Verhalten. Zu Erfolg, Lebenszufriedenheit und seelischer Gesundheit gehört eine funktionierende Kommunikation. In diesem Buch werden Sie noch viel über Kommunikation lesen – und wie Sie sie mit NLP gut, effektiv und befriedigend gestalten können.

Es wird Zeit, das Buch wieder erst einmal wegzulegen und mindestens einen Tag lang die Idee des sechsten Grundsatzes in Ihrem täglichen Leben auszuprobieren.
Dazu achten Sie einfach vermehrt auf Kommunikation und in welchen Formen sie stattfindet. Sensibilisieren Sie sich dafür, wie Menschen miteinander sprechen. Wenn Sie in der U-Bahn sitzen, können Sie das zu einer spannenden Studie machen: Auch bei den Menschen, die allein und schweigend dasitzen, können Sie feststellen, dass sie auf subtile Weise kommunizieren. Vielleicht sagen sie damit: »Ich möchte in Ruhe gelassen werden« oder: »Ich freue mich auf mein Date« oder: »Ich fühle mich unwohl in der U-Bahn« oder: »Ich bin nervös, weil es so langweilig ist, herumzusitzen«. Das sind natürlich alles Interpretationen, über deren Zutreffen Sie nichts wissen. Doch indem Sie genauer hinsehen, erweitern Sie Ihre Wahrnehmungsfähigkeit.

7. Grundsatz: Die Bedeutung jeder Kommunikation liegt in ihrem Ergebnis

Dieser Grundsatz sagt, dass es weniger wichtig ist, was Sie tun und sagen, als vielmehr wie Ihre Umgebung auf Sie reagiert. Nicht was Sie sagen zählt, sondern ob und wie Sie verstanden werden. Um Paul Watzlawick zu zitieren: »Wahr ist nicht, was A gesagt hat; wahr ist, was B verstanden hat.«

Das widerspricht den herkömmlichen Vorstellungen von Kommunikation – und von Wahrheit – natürlich sehr deutlich.

Möglicherweise stellen Sie sich, wie die meisten Menschen, den Prozess der Kommunikation etwa so vor:

- Person A sendet eine Information.
- Person B empfängt diese Information.

Im NLP sieht man das etwas anders. Überlegen wir uns einmal, was bei einer (verbalen) Kommunikation wirklich geschieht:

- Person A hat die Absicht, eine Botschaft an Person B zu übermitteln.
- Dazu gebraucht Person A Worte.
- Die Schallwellen treffen auf das Ohr von Person B.
- Die Schallwellen werden in elektrische Impulse umgewandelt und diese an das Gehirn von Person B geschickt.
- Das Gehirn von Person B interpretiert die eintreffenden Impulse gemäß seiner mentalen Karte von der Welt und ihren Erfahrungen.
- Person B reagiert.

Das Wesentliche ist die Reaktion von B. Sinnvoll ist die Kommunikation (für Person A) dann, wenn A etwas so »rüberbringt«, dass B in (für Person A) wünschenswerter Weise reagiert.

Ist Ihnen aufgefallen, dass »Information« dabei überhaupt nicht vorkommt? Kein Wunder, denn Kommunikation beruht nicht auf der Übertragung von Information! Das ist zumindest die Sichtweise des Konstruktivismus und von NLP, das sich auf den Konstruktivismus bezieht.

Auch dieses Buch kommuniziert

Vielleicht klingt das kompliziert. Und indem wir dieses Buch schreiben, stehen wir natürlich auch vor der Herausforderung, unsere Kommunikation mit Ihnen, unseren Lesern so zu gestalten, dass Sie verstehen, was wir meinen. Dabei können wir nicht behaupten, wir hätten alles richtig gesagt und wenn Sie es nicht verstünden, sei das Ihr Problem. Es ist einfach so: Wenn Sie nicht verstehen, was wir schreiben, war unsere Kommunikation nicht erfolgreich. Wir haben zusätzlich das Problem, dass das Gedruckte nun einmal feststeht. Wir bekommen nur verzögerte und eingeschränkte Rückmeldungen darüber, ob wir erfolgreich kommuniziert haben oder nicht. Daher möchten wir Sie hier um eines bitten: Wenn Sie etwas nicht verstanden haben, wenn Sie Kritik haben – bitte teilen Sie es uns mit! Das hilft uns, es besser zu machen.

EXP

Halten Sie einmal kurz inne und überlegen Sie, ob Sie wirklich verstanden haben, was wir geschrieben haben. Wenn nicht, versuchen Sie herauszufinden, wo das Problem liegt. Wenden Sie dabei den Grundsatz: »Jedes Verhalten hat eine positive Absicht« an. Gehen Sie davon aus, dass wir versucht haben, etwas für Sie Interessantes zu sagen und Ihnen zu helfen, NLP so zu verstehen, dass es Sie weiterbringt.

Wir sind natürlich nicht allein mit unserem Problem. In der Kommunikation zwischen Menschen kommt es bekanntermaßen sehr häufig zu Missverständnissen. Während der eine glaubt, er habe etwas eindeutig klargemacht (»eine Information übertragen«), reagiert der andere, als hätte er die Botschaft nicht empfangen (hat er auch nicht!). Und schon nimmt das Unglück seinen Lauf. Wichtig ist nicht, was man selbst zu sagen glaubt, sondern was der andere verstehen soll!

Ein ganz einfaches Beispiel: Jemand tritt auf Sie zu und sagt: »Ni hao!« Wahrscheinlich werden Sie etwas verblüfft sein und keine angemessene Reaktion zeigen können. Der Chinese, der Sie mit »Ni hao!« ansprach, wollte Sie begrüßen. Aber für Sie ist es nur Gebrabbel – es sei denn, Sie selbst können Chinesisch. Er hätte auch in einer Fantasiesprache sprechen oder etwas völlig anderes sagen können – das Ergebnis wäre dasselbe gewesen: Sie hätten ihn verständnislos angesehen. Was er sagte, war also nicht sinnvoll, um das von ihm angestrebte Ergebnis zu erreichen. Das wäre ihm viel besser gelungen, wenn er »Gu-Ten Tak!« gesagt hätte, obwohl diese Laute für ihn gar keinen Sinn ergeben.

In diesem Beispiel ist die Schwierigkeit der Kommunikation leicht zu verstehen. Doch wenn Sie in Ihrem Alltag mit Menschen reden, die dieselbe Sprache sprechen, scheint das alles keine große Rolle zu spielen. Und doch ist es im Alltag ganz genauso: Die Bedeutung jeder Kommunikation liegt in ihrem Ergebnis!

PRA

Machen Sie nun wieder eine Lesepause und integrieren Sie den siebten Grundsatz in Ihr tägliches Leben. Mindestens einen Tag lang. Sie können sich vieles erleichtern, wenn Sie diesen Grundsatz umsetzen.

Erstens, wenn Sie selbst sprechen: Wenn Sie etwas sagen wollen – vor allem, wenn Emotionen hochkochen –, denken Sie kurz darüber nach, ob Sie mit dem, was Sie sagen, wirklich erreichen, was Sie erreichen wollen.

Zweitens, wenn jemand anders unverständliches Zeug redet: Gehen Sie davon aus, dass er etwas Sinnvolles sagen wollte.
Allein schon mit diesem Grundsatz werden Sie mehr Gelassenheit und Erfolg in Ihrer Kommunikation erleben!

8. Grundsatz: Körper und Geist sind Teile eines Systems

Oft hört man, der Mensch habe Körper und Geist. Aber ist es nicht vielmehr so, dass der Mensch Körper und Geist ist? Dass Körper und Geist voneinander getrennt sein sollen, ist nicht selbstverständlich. Philosophisch wird das äußerst schwierig – in der Medizin und in der Psychologie ist diese Sichtweise mitunter vielleicht sogar schädlich.

Der Gedanke, dass Körper und Geist eng zusammenhängen, ist wahrlich nicht neu. Doch erst seit einigen Jahrzehnten werden diese Zusammenhänge auch systematisch erforscht. Die Psychosomatik, die sich mit den Zusammenhängen zwischen Seele (Psyche) und Körper (Soma) beschäftigt, hat deutlich gemacht, dass viele Krankheiten nicht verstanden werden können, wenn man sie als rein körperlich betrachtet. Ganz sicher ist das bei Krankheiten wie Asthma, Bluthochdruck, chronischen Magen-Darm-Erkrankungen oder rheumatischer Arthritis. Eine noch neuere Forschungsrichtung, die Psychoneuroimmunologie, befasst sich mit den Zusammenhängen zwischen Gedanken, Gefühlen und körperlichen Prozessen. Es zeigt sich immer klarer, dass Körper und Geist ausnahmslos zusammenwirken. Heute wissen wir, dass jeder Gedanke und jedes Gefühl körperliche Veränderungen zur Folge hat. Aber auch das Umgekehrte gilt: Jede körperliche Veränderung macht sich auch in einer Veränderung geistig-seelischer Vorgänge bemerkbar.

Probieren Sie nun ein kleines Experiment aus, bei dem Sie den Zusammenhang zwischen Körper und Seele direkt erfahren können. Die Übung heißt **»Sonnenhaltung und Mondhaltung«**.

- Lassen Sie Ihren Kopf sinken, lassen Sie Ihre Schultern nach vorne fallen, machen Sie den Rücken rund, spannen Sie die Bauchmuskulatur leicht an, kneifen Sie die Augen etwas zusammen (so als wäre Ihnen etwas ins Auge gekommen) und ziehen Sie Ihre Unterlippe nach unten. Atmen Sie dabei ganz flach. Das ist die **»Mondhaltung«**.
- Testen Sie nun Ihren Gefühlszustand. Versuchen Sie, an etwas Schönes, Lustiges, Angenehmes, Freudvolles zu denken – und Sie werden erstaunt feststellen, dass Sie dabei auf einen inneren Widerstand stoßen und es Ihnen nicht recht gelingen will! Diese Haltung ist mit negativen Gefühlsmustern assoziiert; der körperliche Zustand hemmt positive Gedanken und Gefühle!
- Nun probieren wir das Gegenteil: Die **»Sonnenhaltung«**. Entspannen Sie Ihren Bauch, die Augen, die Stirn, heben Sie den Kopf, den Blick, die Augenbrauen und Ihre Mundwinkel, halten Sie den Rücken gerade, nehmen Sie die Schultern zurück und atmen Sie einige Male ein und aus. Wahrscheinlich werden Sie sofort spüren können, wie diese Haltung positive Gefühle hervorruft. Tatsächlich werden Sie in dieser Haltung nur mit großer Anstrengung in der Lage sein, sich in negative Gedanken und Gefühle zu vertiefen!

EXP

Im NLP spielt die Erkenntnis, dass Körper und Seele nicht getrennt sind, eine wichtige Rolle. NLP nutzt diese Einsicht, um durch die Veränderung von Denkmustern körperliche Probleme zu verändern. Beispielsweise ist es möglich, durch mentale Techniken Schmerzen zu lindern, normalerweise nicht willentlich steuerbare Muskeln zu beeinflussen oder sogar das Immunsystem zu stärken. Andererseits können Sie aber auch durch die Kontrolle körperlicher Parameter, wie etwa der Muskelspannung, Gefühlen und Gedanken eine positive Richtung geben. Das konnten Sie bei obigem Experiment gerade selbst erfahren.

PRA

Wir raten Ihnen nun wieder, das Buch für mindestens einen Tag wegzulegen. Versuchen Sie, wenigstens einen Tag lang, die Idee des achten Grundsatzes in Ihrem täglichen Leben auszuprobieren. Das können Sie jederzeit tun, wo auch immer Sie sich gerade befinden. Und zwar immer dann, wenn Sie unangenehme Gefühle verspüren. Achten Sie dann bewusst auf Ihre Körperhaltung. Richten Sie den Rücken auf, heben Sie den Kopf ein wenig, öffnen Sie die Augen etwas weiter und versuchen Sie, ein Lächeln auf Ihr Gesicht zu bringen.
Das löst zwar keine großen Probleme, ist jedoch erstaunlich effektiv, wenn es gilt, Ihre Gefühle in eine produktivere, positivere Richtung zu lenken. Und Sie werden mit Sicherheit von anderen Menschen auch positiver wahrgenommen.

9. Grundsatz: Es gibt kein Scheitern, nur Feedback

Einer der wichtigsten Grundsätze des NLP lautet, dass es im Grund niemals Versagen oder Scheitern gibt. Natürlich macht man Fehler! Doch die Fehler selbst sind kein Versagen. Sie sind nur Feedback. Angst vor Fehlern zu haben, ist ein sicheres Mittel, um Erfolg zu verhindern. Wenn Sie ein Ergebnis erreichen wollen, beginnen Sie zu handeln. Nur wenn Ihr Ziel sehr, sehr klein ist, werden Sie direkt dorthin gelangen. Aber normalerweise werden Sie auf dem Weg immer wieder kleineren und größeren Hindernissen begegnen. Einen Weg durch unbekanntes Gelände können Sie nur finden, wenn Sie immer wieder Rückmeldungen darüber erhalten, ob Ihre Zielrichtung noch stimmt. Nur auf der Basis solcher Rückmeldungen können Sie Korrekturen vornehmen. Und Fehler, Hindernisse und Probleme sind nichts anderes als solche Rückmeldungen!

Stellen Sie sich vor, Sie spielten ein Ratespiel. Ihr Freund soll sich eine Zahl zwischen 1 und 1000 denken, und Sie sollen die Zahl erraten. Er sagt nur größer oder kleiner. Es wird nicht lange dauern, bis Sie die richtige Zahl haben – nach etwa 10 Versuchen werden Sie die Zahl finden. Aber was, wenn Ihr Freund nichts sagt? Welche Chance haben Sie dann, die richtige Zahl zu ermitteln? Genau 1:1000. Und was hielten Sie von folgender Situation: Ihr Freund soll eine Zahl raten, gibt aber schon nach dem ersten Versuch auf und sagt: »Ich kann das nicht. Ich habe versagt!« Fänden Sie das nicht sehr albern?

EXP

Alles, was Sie möglicherweise als »Problem«, »Hindernis« oder »Scheitern« ansehen, können Sie viel sinnvoller als Rückmeldung betrachten – also als Hinweis darauf, wie Sie effektiver vorgehen können, um Ihr Ziel zu erreichen.
Menschen, die sich davor fürchten zu scheitern, erleben innerlich ständig innerliche Misserfolge. Daher tun sie nicht die Dinge, die sie zum Erfolg führen könnten. Die Angst zu versagen, ist eines der größten Hindernisse auf dem Weg zum Erfolg. Schwierigkeiten als Scheitern anzusehen, bedeutet Stillstand. Schwierigkeiten als Rückmeldung zu betrachten, eröffnet dagegen neue Wege zum Ziel!

Sie haben bereits Enormes geleistet!

Versuchen Sie doch einmal, das anhand eigener Erlebnisse nachzuvollziehen. Jeder Mensch kennt Umstände, in denen er Schwierigkeiten als wertvolle Rückmeldungen angenommen hat. Denken Sie nur daran, wie Sie Lesen und Schreiben gelernt haben. Stellen Sie sich vor, Sie hätten schon beim ersten Buch aufgegeben, weil Sie mit den seltsamen Zeichen, die Erwachsene »Buchstaben« nennen, nichts anfangen konnten. Was wäre wohl geschehen, wenn Sie das als Scheitern betrachtet und aufgegeben hätten? Nur durch ständige Rückmeldungen haben Sie schließlich das Lesen gelernt – nicht durch ein Scheitern an der Aufgabe.

Thomas Alva Edison (1847-1931) sagte einmal etwas, das den neunten Grundsatz sehr gut beschreibt: »Ich habe nie versagt. Ich habe mit Erfolg zehntausend Wege entdeckt, wie es nicht funktioniert.«

Es wird wieder Zeit für eine Lesepause. Versuchen Sie, mindestens einen Tag lang, die Idee des neunten Grundsatzes in Ihrem täglichen Leben umzusetzen.

Auch bei Kleinigkeiten: Wann immer der Gedanke auftaucht, Sie hätten versagt, machen Sie innerlich eine Kehrtwendung. Heißen Sie den »Fehler« willkommen! Sie haben nicht versagt. Sie haben eine Botschaft bekommen, die Ihnen zeigt, dass Sie etwas korrigieren sollten.

Manchmal sind es nur kleine Veränderungen, manchmal größere. Doch eins ist klar: Sie können etwas verändern – und zwar gerade deshalb, weil Sie eine Rückmeldung erhalten haben!

10. Grundsatz: Wenn etwas nicht funktioniert, probiere etwas anderes

Dieser Grundsatz des NLP scheint Ihnen vielleicht unnötig. Es ist doch selbstverständlich, dass man etwas anderes versucht, wenn etwas nicht funktioniert! Theoretisch mag das selbstverständlich sein, doch praktisch sieht es meist anders aus. Gewohnheiten haben eine größere Macht, als wir es wahrhaben wollen. Erstaunlicherweise sind Menschen äußerst beharrlich in dem, was sie tun – auch wenn es absolut und ganz offensichtlich nicht funktioniert. Sie tun selbst Dinge, die ihnen unangenehm sind, immer wieder auf dieselbe Art und Weise.

Es ist normal, ineffektiv zu sein

Dafür gibt es natürlich gute Gründe:

- Jedes Verhalten hat eine positive Absicht – das wissen Sie ja schon. Und diese positive Absicht ist manchmal so fest mit einem Verhalten verbunden, dass es nicht so einfach ist, einfach anders zu handeln.
- Manche Handlungsabläufe sind so automatisiert, dass wir gar nicht mehr darüber nachdenken, ob sie effektiv sind oder nicht.
- Manchmal wissen wir zwar, dass etwas nicht funktioniert, kennen aber keine Alternative, von der wir sicher wissen, dass sie besser ist.
- Mitunter macht es Angst, ein gewohntes Verhalten aufzugeben – und um die Angst in den Griff zu bekommen, tun wir weiter das Gewohnte, das zumindest keine Angst macht.

Kennen Sie ein solches Verhalten nicht auch von sich selbst? Beispielsweise beim Streit mit Ihrem Partner, beim Aufstehen, beim Autofahren? Oder in der Erziehung? Vielleicht haben Sie Ihren Kindern ja auch schon einmal vorgehalten: »Das habe ich dir doch schon 1000 Mal gesagt!« Sollten Sie das tatsächlich getan haben, wäre das natürlich schon ein Extremfall. Aber selbst nach zwanzig Wiederholungen hätten Sie eigentlich merken können, dass es auf diese Art und Weise nicht geht. Der Grundsatz »Wenn etwas nicht funktioniert, probiere etwas anderes« ist in solchen Fällen Gold wert.

Die meisten Menschen haben ihre Handlungen so automatisiert, dass sie nicht einmal dann auf die Idee kommen, ihre Vorgehensweise zu verändern, wenn sie ihnen Nachteile bringt. Solange die Nachteile nicht direkt spürbar sind, neigen wir erst recht dazu, gewohntes Verhalten so lange wie nur möglich beizubehalten.

Falten Sie Ihre Hände, sodass sich die Finger verschränken. Welcher Daumen liegt oben? Verschränken Sie sie nun so, dass der andere Daumen oben liegt. Das wird Ihnen wahrscheinlich nicht schwerfallen – aber es fühlt sich komisch an. Und das ist kein Zufall: Immer wenn Sie die Hände verschränken, werden Sie es auf dieselbe Art und Weise tun, solange Sie es nicht absichtlich anders machen. Beim Fingerverschränken ist das natürlich überhaupt kein Problem: Aber Sie sehen, dass Sie ganz unbewusst manche Dinge immer gleich tun, obwohl es keinen Vorteil für Sie hat, es auf diese Art und Weise zu machen.

NLP unterstützt Sie dabei, alte, ineffektive Verhaltens- und Denkmuster zu erkennen und zu verändern. Indem Sie angefangen haben, dieses Buch zu lesen und mit den von uns vorgeschlagenen Übungen zu experimentieren, haben Sie bereits einen wichtigen Schritt getan, etwas Neues auszuprobieren.

Der Grundsatz bedeutet uns, offen zu sein für alles, was funktioniert und ein Bewusstsein dafür zu schaffen, wenn etwas nicht oder ineffektiv funktioniert. Das erhöht die Bereitschaft zur Suche nach Lösungsalternativen.

Wenn Sie als Berater, Therapeut, Lehrer oder Erzieher tätig sind, ist dieser Grundsatz ganz besonders wichtig: Widerstand beim

Klienten, beim Schüler oder bei Ihrem Kind weist Sie daraufhin, dass es Ihnen noch ein wenig an Flexibilität fehlt. Das ist eine wichtige Rückmeldung. Und es gilt natürlich genauso, wenn Sie Ihr eigener Berater oder Therapeut sind!

NLP ist nicht in Steintafeln gemeißelt!

Der letzte Grundsatz des NLP bezieht sich auch auf NLP selbst – ja sogar auf die Grundsätze! Wenn sich bestimmte Techniken oder Übungen als ineffektiv herausstellen – probieren Sie andere! Sollte sich eine Grundannahme als unpraktisch erweisen – verändern Sie sie! Erinnern Sie sich noch an das Neun-Punkte-Problem (Seite 18)? Zur Lösung haben Sie gefunden, wenn Sie den 10. Grundsatz des NLP angewandt haben.
Wenn etwas nicht funktioniert – versuchen Sie etwas anderes!

PRA

Gehen Sie nun wieder einen Tag lang in die Praxis. Versuchen Sie, mindestens einen Tag lang die Idee des 10. Grundsatzes in Ihrem täglichen Leben zu verwirklichen.
Fragen Sie sich: Machen Sie etwas immer auf die gleiche Art und Weise, auch wenn das für Sie nicht besonders gut funktioniert? Ein oder zwei Dinge, die Sie verändern, könnten Ihr ganzes Leben verändern. Vielleicht sind es nur Kleinigkeiten – doch jede Kleinigkeit, die nicht funktioniert und die Sie nun anders machen, verbessert Ihre Lebensqualität ein kleines bisschen!

Selbstbetrachtung – drinnen und draußen

Wenn Sie an Situationen denken, die Sie erlebt haben oder die Sie sich erträumen, tun Sie das natürlich aus der Ich-Perspektive.

Sie sehen mit Ihren eigenen Augen. Mit welchen auch sonst? Sie erleben die Situation von Ihrem Standpunkt aus, so, wie Sie auch wirkliche Situationen erleben. Im NLP nennt man das »assoziiertes Erleben«.

Das ist die »natürliche« Sichtweise. So sehen Sie die Welt nun einmal. Es ist aber nicht die einzige. Sie können sich in der Vorstellung auch von außen betrachten. Das heißt im NLP »dissoziiertes Erleben«.

NLP

Assoziiert bedeutet ganz allgemein »verbunden«. Im NLP bedeutet es, dass Sie eine Vorstellung von Ihrem Standpunkt aus erleben. Sie sind mit Ihren Gefühlen dabei.

Dissoziiert bedeutet allgemein »getrennt«. Im NLP heißt es, dass Sie eine Vorstellung so erleben, als wären Sie ein äußerer Zuschauer. Sie betrachten Ihre Gefühle von außen, als Beobachter.

Manchmal kann es sehr sinnvoll sein, die dissoziierte Sichtweise einzunehmen. Wenn Sie sich von außen sehen, sehen Sie sich von einem anderen Standpunkt aus. Und nicht nur sich. Auch das, was Ihnen in einer Situation geschieht, erscheint oft in einem grundsätzlich anderen Licht, wenn Sie es von außen beobachten. Das ist schon eine faszinierende Möglichkeit des Menschen, dass er sich die Welt vorstellen und sogar sich selbst darin sehen kann. Es ist ein bisschen so, als hätten Sie eine innere Videokamera: Sie können die Kamera halten und etwas durch das Objektiv sehen. Aber Sie können die Kamera auch auf ein Stativ stellen, sich selbst aufnehmen und dann auf einem großen HD-Bildschirm von außen betrachten.

Vielleicht haben Sie sich ja schon einmal auf einem Film gesehen. Bestimmt waren Sie ein wenig erstaunt darüber, wie Sie aus dieser äußeren Perspektive wirken.

Probieren Sie doch einfach einmal kurz aus, wie unterschiedlich sich assoziiertes und dissoziiertes Erleben anfühlen.
Haben Sie schon einmal einen Bungee-Sprung gemacht? Es ist ganz schön gruselig, an einem Gummiseil hängend 50 Meter in die Tiefe zu springen. Vielleicht halten Sie soetwas für völlig verrückt und würden es in der Wirklichkeit nie tun. Aber probieren Sie es in Ihrer Vorstellung einmal aus.

- Erst einmal assoziiert: Schließen Sie die Augen, stellen Sie sich vor, Sie stehen auf einem 50 Meter hohen Kran, zurren einen Gurt mit dem daran befestigten Gummiseil um Ihren Körper fest und blicken in die Tiefe … Was spüren Sie dabei? Wahrscheinlich ist es ein komisches Gefühl im Bauch. Vielleicht sogar richtige Angst.
- Und jetzt sehen Sie sich das einmal dissoziiert an. Stellen Sie sich vor, Sie sitzen in einem Café. Im Hintergrund steht der Kran, von dem Bungee-Springer hüpfen. Sie haben die magische Fähigkeit, sich zu verdoppeln. Das tun Sie und sitzen nun mit Ihrer »Kopie« am Cafétisch. Ihr zweites Ich zwinkert Ihnen zu, steht auf, läuft hinüber zum Kran, steigt hinauf, legt das Bungee-Geschirr an und springt … Sie nippen an Ihrem Espresso und sehen ihm dabei zu. Was spüren Sie nun? Wahrscheinlich gar nichts Besonderes. Vielleicht machen Sie sich ein bisschen Sorgen um Ihr zweites Ich – aber es kribbelt nicht im Bauch …

Es ist in vielen Situationen hilfreich, wenn man innerlich einen Schritt zurücktreten und die Situation aus einer anderen Perspektive betrachten kann. Im NLP werden Sie das immer wieder einmal tun. Es wird Ihnen enorm dabei helfen, Ihren Verhaltensspielraum zu erweitern!

Experimentieren Sie immer wieder einmal mit assoziiertem und dissoziiertem Erleben. Da die Fähigkeit, zwischen diesen beiden Zuständen zu unterscheiden, bei vielen NLP-Übungen wichtig ist, wäre es gut für Sie, diesen Wechsel ein bisschen zu üben. Das können Sie ganz nebenher, in Ihrem Alltag, machen. Und manchmal werden Sie dabei deutlich merken, wie hilfreich das sein kann!
Wenn Sie sich über etwas aufregen: Treten Sie innerlich einen Schritt zurück und sehen Sie sich beim Aufregen zu – bestimmt werden Sie gelassener.
Wenn Sie jemand nervt: Sehen Sie sich das einmal »von außen« an – dann wird es erträglicher.
Wenn Ihnen etwas unangenehm ist oder Sie sogar etwas ängstlich dabei sind, beispielsweise beim U-Bahnfahren: Beobachten Sie sich von einem anderen, von einem dissoziierten Standpunkt aus – und es wird einfacher.

Ankern – Wie Sie Gefühle befestigen

Eine der grundlegenden Techniken des NLP ist das Ankern. »Ankern« ist eine Metapher: Wie ein Schiff einen **Anker** auswirft, um seine Position zu befestigen, so werden im NLP mentale **Anker** gesetzt, um Gefühlszustände zu »befestigen«. Die Metapher ist aber ein wenig schief – denn es geht nicht darum, das Gefühl dauerhaft zu befestigen, sondern darum, es schnell aufrufen zu können. Ein mentaler **Anker** hat eher dieselbe Funktion wie eine Kurzwahltaste am Telefon: Durch etwas Einfaches ruft man schnell etwas Kompliziertes auf.
Im NLP ist es manchmal wichtig, bestimmte komplexe Gefühlszustände schnell abzurufen. Und das ist ja keine einfache Sache,

vor allem dann, wenn das Gefühl, das abgerufen werden soll, dem aktuellen Gefühl völlig entgegengesetzt ist. Wenn Sie gerade deprimiert sind, heißt das ja gerade, dass ein fröhlicher Gemütszustand nicht ohne weiteres greifbar ist.
Mit der **Anker**-Technik geht das viel leichter. Das **Ankern** beruht darauf, dass wir ständig Verbindungen zwischen Ereignissen schaffen – auch zwischen Ereignissen, die erst einmal gar nichts miteinander zu tun haben.

NLP

Ankern bedeutet im NLP: durch eine einfache Handlung, beispielsweise eine Handbewegung, reflexartig einen bestimmten komplexen Gefühlszustand ins Bewusstsein zu rufen oder eine Handlung auszulösen.

Der Auslöser muss nichts mit dem Ausgelösten zu tun haben

Etwas sehr Ähnliches wie beim Ankern kann selbst auf körperlicher Ebene geschehen: Sogar natürliche körperliche Reaktionen – wie Reflexe, die willentlich nicht beeinflussbar sind – können »umgelenkt« werden.

DEF

Ein Reflex ist eine unwillkürliche, besonders schnelle und gleichartige Reaktion eines Organismus auf einen bestimmten Reiz.

Stellen Sie sich folgenden Versuch vor: Der Versuchsleiter steht vor Ihnen und pustet in unregelmäßigen Abständen mit einer Luftpumpe etwas Luft auf eines Ihrer Augen. Die natürliche Reaktion darauf ist ein Reflex, der Lidschlussreflex, der dazu dient, das Auge zu schützen. Selbst wenn Sie wollen, können Sie das Auge nicht offen halten – Sie werden immer zwinkern. So ein

Reflex heißt »unbedingter Reflex«. Im zweiten Teil des Versuchs nimmt der Versuchsleiter ein Glöckchen, das er immer läutet, kurz bevor er Ihren Lidschlussreflex auslöst. Ein Glockenton hat natürlich überhaupt nichts mit den Augen zu tun – und trotzdem: Wenn der Versuchsleiter ein paarmal das Glöckchen geläutet und den Lidschlussreflex ausgelöst hat, ist in Ihrem Gehirn eine neue Verknüpfung entstanden. Läutet der Versuchsleiter nun das Glöckchen, ohne auf Ihr Auge zu blasen, wird der Lidschlussreflex trotzdem ausgelöst. Selbst dann, wenn er Ihnen vorher sagt, dass er nun bloß das Glöckchen läuten wird! Aus dem unbedingten Reflex ist nun ein »bedingter« oder »konditionierter« Reflex geworden.

Wenn Sie's nicht glauben, können Sie dieses Experiment jederzeit mit einem Freund durchführen. Aber keine Sorge: Dieser konditionierte Reflex bleibt einem nicht, sondern verschwindet nach kurzer Zeit von selbst. Nach ein paarmal Glöckchenläuten ohne Luftstoß tritt kein Zwinkern mehr auf.

DEF

Konditionieren: Beim »klassischen Konditionieren« wird mithilfe eines angeborenen Reflexes ein neues Verhalten gelernt. In unserem Beispiel wurde ein automatisches Augenzwinkern auf einen Glockenton hin gelernt. Im Grund kann aber jedes Verhalten gelernt werden, indem natürliches Verhalten mit besonderen Auslösern verknüpft wird. Dieses Prinzip wird »operantes Konditionieren« genannt.

Anker entstehen ganz natürlich

Ein **Anker** im NLP ist nun etwas sehr Ähnliches. Das Prinzip, das Sie bei dem Experiment mit dem Lidschlussreflex gesehen haben, funktioniert nicht nur mit einfachen Reflexen, sondern ebenso

mit Gefühlszuständen. Sie haben übrigens bereits einen solchen **Anker** kennengelernt. Können Sie sich noch an die Übung **»Sonnenhaltung und Mondhaltung«** (Seite 53) erinnern? Dabei haben Sie zwei **Anker** verwendet: Die gebeugte Haltung für die traurigen Gefühle und die aufgerichtete Haltung für angenehme Gefühle.
Diese **Anker** haben Sie aber nicht künstlich erzeugt, wie den Lidschlussreflex beim Glöckchenton in dem oben beschriebenen Versuch. Die körperlichen **Anker** für positive und negative Gefühle sind ganz natürlich entstanden.

Überlegen Sie kurz, bevor Sie weiterlesen: Wie sehen Sie es Menschen an, wenn sie traurig sind? Woran erkennen Sie, dass Menschen glücklich und energiegeladen sind?

Traurigkeit und Niedergeschlagenheit traten in Ihrem Leben häufig zusammen mit der **Mondhaltung** auf. Wenn wir traurig und deprimiert sind, ziehen wir uns in uns zurück, auch körperlich. Menschen, die sehr verzweifelt sind, machen sich meist ganz klein und rollen sich in einer Embryohaltung zusammen – eine Art Schutzreaktion. Dieses Sich-Kleinmachen wurde dann im Lauf der Zeit immer mehr zu einem kraftvollen **Anker** für das Gefühl der Traurigkeit. Bei den positiven Gefühlen war es ganz ähnlich: Sie traten in der Vergangenheit meist gleichzeitig mit der Sonnenhaltung auf. Bei intensiven Glücksgefühlen sind wir entspannter und atmen tiefer – die **Sonnenhaltung** ist aufrecht und entspannt und erleichtert die tiefe Atmung. Deshalb wird die Sonnenhaltung bei Glücksgefühlen bis zu einem gewissen Grad automatisch eingenommen. Andererseits sind bei dieser Haltung die Durchblutung, die Funktion der inneren Organe und die Atmung besser – und dies wiederum führt zu positiven körperlichen

Wahrnehmungen. Sonnenhaltung und Glücksgefühle verstärken sich also gegenseitig. Jedes Mal, wenn positive Gefühle und die Sonnenhaltung zusammen auftraten, wurde die Verbindung zwischen ihnen stärker – die Sonnenhaltung wurde immer mehr zu einem kraftvollen **Anker**.

Bewusst kraftvolle Anker setzen

Anker sind also ein ganz natürlicher Mechanismus, den Sie zu Ihrem Vorteil nutzen können. NLP macht sehr häufig von Ankern Gebrauch. Sie werden im Rahmen dieses Buchs noch viel über die Möglichkeiten von Ankern und ihre Anwendung erfahren. Aber warum warten? Lassen Sie uns gleich einmal eine Übung machen, die Ihnen die Möglichkeit gibt, in Sekundenschnelle positive Gefühle hervorzurufen.

Ihr Persönlicher Kraft-Anker – PKA

Diese Übung baut auf der **Sonnenhaltung** (Seite 53) auf. Die fühlte sich wahrscheinlich schon recht gut an – aber Sie können das noch deutlich verstärken. Und vor allem können Sie diesen Energiezustand dann auch schnell wieder aufrufen, wenn Sie ihn richtig **ankern**.

TEC

1. Denken Sie an einen Zeitpunkt in Ihrem Leben, wo Sie sich fühlten, als könnten Sie Bäume ausreißen.
2. Begeben Sie sich in Ihrer Vorstellung so weit es Ihnen möglich ist, in diesen Zustand hinein. Versuchen Sie, die damaligen kraftvollen positiven Gefühle wachzurufen.
3. Probieren Sie, ob Sie durch kleine Veränderungen an den **Submodalitäten** (Seite 27) den kraftvollen Gefühlszustand noch ein wenig verstärken können. Machen Sie beispielsweise das Bild ein wenig heller, die Farben intensiver oder stellen Sie sich eine Musik dazu vor, die Sie noch weiter beflügelt.

4. Gehen Sie in die **Sonnenhaltung**.
5. Jetzt setzen Sie einen **Anker**: Dazu machen Sie eine charakteristische Bewegung. Beispielsweise ballen Sie eine Hand zur Faust, reißen sie nach oben und rufen »Ja!«. Es muss aber nicht etwas so Offensichtliches sein – Sie können auch nur Daumen und Ringfinger gegeneinander drücken. Hauptsache, die Bewegung ist nicht alltäglich. Und vergessen Sie nicht, zu lächeln!
6. Klatschen Sie ein Mal in die Hände und kehren Sie in einen neutralen Gefühlszustand **(Separator State)** zurück. Wiederholen Sie dann den gesamten Ablauf ein paarmal.
7. Testen Sie: Denken Sie an eine Situation, in der Sie sich nicht so toll fühlten, wo Sie sich vielleicht langweilten oder ein bisschen traurig waren. Rufen Sie nun den **Anker** ab, indem Sie jetzt nur die vorher eingeübte **Anker**-Bewegung machen. Wenn das **Anker**-Setzen geklappt hat, sollte nun »reflexartig« der positive kraftvolle Gefühlszustand auftreten.

Diese Übung ist sehr hilfreich, wenn Sie einen plötzlichen Energieschub brauchen oder sich aus einer negativen Gefühlslage lösen möchten. Doch machen Sie sich klar, dass das kein Allheilmittel ist! Es gibt leider unseriöse NLP-Vertreter, die behaupten, in kürzester Zeit im Handumdrehen alles heilen zu können. Echte seelische Schwierigkeiten sind jedoch durch viele Faktoren bedingt und können nicht einfach durch einen positiven **Anker** aus Ihrem Unterbewusstsein verdrängt werden. Sie können auch schwere seelische Schwierigkeiten, wie starke Ängste, mit NLP angehen. Wir werden Ihnen auch zeigen wie das geht. Aber allein mit dem PKA, Ihrem **Persönlichen Kraft-Anker** geht es eben nicht.
Trotzdem ist der PKA natürlich sehr wertvoll. Immer dann, wenn Sie sich zu etwas motivieren möchten, aber einfach nicht in die Gänge kommen: Geben Sie sich einen Schub mit Ihrem PKA!

Wenn Sie merken, dass Sie in sinnloses Grübeln verfallen – holen Sie sich mit Ihrem PKA heraus! Der PKA ist etwa so wie ein Guss kaltes Wasser und ein doppelter Espresso, wenn Sie müde sind: Ideal, um kurzfristig wach zu werden. Man darf das/ihn nur nicht mit einem Heilmittel gegen Erschöpfung verwechseln.

PRA

Sie kennen jetzt mit dem PKA eine Methode, um sich schnell Energie zu geben – und das kann oft nötig sein. Wenn Sie vor einer schwierigen Besprechung stehen, wenn Sie etwas Neues anfangen wollen, aber sich nicht aufraffen können, oder wenn Sie mal in sinnloses Grübeln verfallen: PKA!

Um das Prinzip des Ankerns im NLP wirklich zu verstehen, empfehlen wir Ihnen, das Buch nun erst einmal für ein paar Tage zur Seite zu legen und darauf zu achten, wo überall im Alltag Sie Anker erkennen. Bei Ihnen selbst und bei anderen. Achten Sie darauf, wie Sie selbst oder andere Menschen in Ihrem Umfeld auf bestimmte Auslöser reflexartig reagieren.

Wenn Sie Anker erkennen können, die negative Emotionen auslösen, wird es Ihnen schon ein ganzes Stück leichter fallen, Schwierigkeiten zu überwinden. Denken Sie daran, dass es Anker in jedem Repräsentationssystem gibt – Worte können Anker sein, nonverbale Signale, Bilder oder Gerüche!

Das Geheimnis der Achtsamkeit

Was hat das Thema »Achtsamkeit« in einem Buch über NLP zu suchen? Tatsächlich findet sich in keinem uns bekannten NLP-Buch auch nur ein Wort zur Achtsamkeit. Wir halten sie jedoch für überaus wichtig.

Achtsamkeit

Achtsamkeit heißt, bewusst in der Gegenwart zu bleiben und ohne zu bewerten nur wahrzunehmen. Achtsamkeit ist gekennzeichnet durch:

- Bewusstseinsklarheit: Nur wenn Sie wach und zentriert sind, können Sie achtsam sein.
- Flexibilität: Nur wenn Ihr Bewusstsein flexibel dem folgt, was Sie wahrnehmen, bleiben Sie achtsam.
- Nicht-Werten: Nur wenn Sie dem Nachdenken, den Erwartungen und Beurteilungen eine Pause gönnen, können Sie achtsam wahrnehmen.
- Empirische Haltung: Achtsam sein heißt, nicht darauf zu achten, was sein soll, sondern darauf, was tatsächlich ist.

Der US-amerikanische Medizinprofessor Jon Kabat-Zinn hat Achtsamkeit als Mittel, Stress zu lösen unter dem Namen »MBSR« *(Mindfulness Based Stress Reduction)* bekannt gemacht. Die Ursprünge aller Achtsamkeitsübungen liegen in Formen der buddhistischen Meditation.

Im NLP ist es von großem Vorteil, wenn Sie in den Phasen, wo Sie Ihre innerlichen Zustände wahrnehmen sollen, achtsam sind. Natürlich bewerten Sie Dinge – das ist ja auch wichtig. Um Ziele zu finden, die für Sie wichtig sind, müssen Sie sie bewerten. Wenn Sie etwas verändern sollen, ist es natürlich nötig, dass Sie sich klarmachen, wie es denn sein soll. Und manchmal wollen Sie sich einfach entspannen und träumen, anstatt achtsam zu sein – und auch das ist wichtig. Achtsamkeit ist jedoch eine sehr wertvolle Bewusstseinshaltung, die im NLP immer dann nötig ist, wenn Sie nachspüren, was im Augenblick geschieht.

EXP

Beobachten Sie den Fluss Ihrer Gedanken.
Achten Sie darauf, wie die Gedanken kommen und wieder gehen. Wo entstehen sie, wo enden sie? Sehen Sie Ihren Gedanken zu wie einem Film. Wann immer Sie bemerken, dass Sie den Inhalt Ihrer Gedanken festhalten oder bewerten, kehren Sie wieder zur reinen Beobachtung zurück. Indem Sie achtsam beobachten, werden unruhige Geisteszustände ein wenig zur Ruhe kommen. Ihr Geist wird klarer.

Achtsamkeit und NLP sind nicht miteinander »verwandt«. Zum Teil sind sie sogar beinahe gegensätzlich. Doch sie ergänzen sich hervorragend. Wenn Sie sich auf den Weg machen, etwas in Ihrem Leben zu verändern, hilft Ihnen NLP, das zu erreichen, was sein soll. Und Achtsamkeit hilft Ihnen, zu sehen, was momentan ist. Zu Beginn jeder NLP-Intervention sollte also eine Achtsamkeitsphase stehen, in der Sie den Ist-Zustand zunächst einmal achtsam wahrnehmen. Und dann können Sie sich mit NLP an die Veränderung machen.

PRA

Wenn Sie Achtsamkeit üben, lernen Sie, Situationen wirklich in einer gewissen Tiefe zu erfassen. Normalerweise fehlt in unserer Wahrnehmung ziemlich viel, da alles durch die Filter unserer Erwartungen, Wünsche, Erfahrungen und Bewertungen läuft. Indem Sie üben, diese Filter für kurze Zeit auszuschalten, wird Ihre Wahrnehmung intensiver und vielfältiger.
Dazu müssen Sie sich nicht extra hinsetzen und eine Übung machen. Sie können immer achtsam sein: beim Zähneputzen, in der Arbeit, beim Essen, beim U-Bahnfahren … Es reicht, das »Umschalten« auf Achtsamkeit zu üben. Sehen, hören, spüren Sie einfach ein paar Sekunden genau, was gerade geschieht.

Lösung für das Experiment auf Seite 18

Indem Sie die Grenzen des Gewohnten überschreiten, finden Sie neue Lösungen. Die Grenze, die sich bei diesem Rätsel zeigt, ist die Begrenzung des Quadrats, das die Punkte bilden, und – wie bei vielen Grenzen und Einschränkungen – stellt sich auch hier heraus, dass diese Grenze nicht real ist.

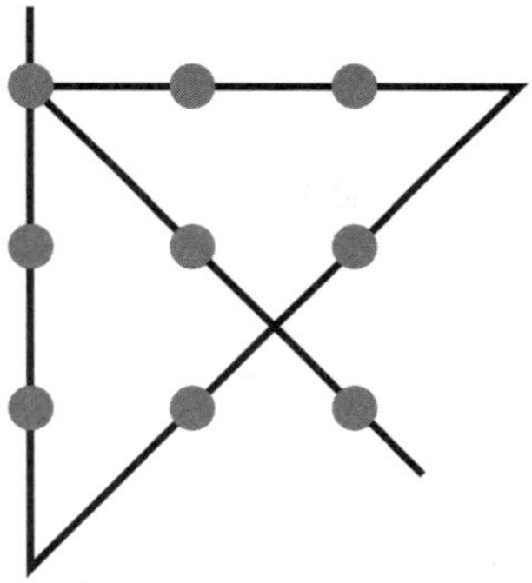

Auflösung des Neun-Punkte-Rätsels

Kapitel 3

Ziele – Wie Sie klären, wohin Sie wirklich wollen

Wohin soll die Reise gehen?

Wenn man sein Ziel nicht kennt, wird es ziemlich schwierig, sich in die richtige Richtung zu bewegen. Je besser Sie Ihre Ziele kennen und je besser Ihre Ziele in Ihrem Bewusstsein und Unterbewusstsein verankert sind, desto leichter werden Sie sie erreichen. Um ein Ziel effektiv zu erreichen, müssen Sie es also erst einmal möglichst genau kennen. Das klingt so selbstverständlich – und doch können viele Menschen nicht ohne Weiteres ein klares Ziel benennen, das sie augenblicklich verfolgen.

Bevor Sie weiterlesen, überlegen Sie einmal kurz, was im Augenblick Ihr wichtigstes Ziel ist. Wenn Ihnen nicht sofort etwas einfällt, ist das nicht schlimm – aber lesen Sie dann nicht einfach weiter, sondern überlegen Sie, was es sein könnte. Das ist ein wichtiger Schritt. Wenn Sie sich jetzt, wo es um Ihre Ziele geht, keine Gedanken darüber machen, wann dann? Sie werden im Folgenden viel über Ziele erfahren – aber was Ihr Ziel ist, können wir Ihnen nicht sagen!

EXP

Die Klarheit eines Ziels ist von größter Wichtigkeit – denn wenn Ziele wirklich klar sind, wird auch deutlich, ob es befriedigende, erfüllende Ziele sind, ob es Ziele sind, die es wert sind, erreicht zu werden. In diesem Kapitel wird es daher zunächst darum gehen, Ihnen zu zeigen, wie Sie Ihre Ziele überprüfen und wie Sie Ziele erkennen, die für Sie wirklich wertvoll sind. Solche Ziele gründen auf Ihren eigenen inneren Werten. Und danach wird es darum gehen, wie Sie Ihre Ziele klar formulieren, sodass sie rational und emotional stimmig sind.
Nun, nehmen wir an, Sie haben ein wertvolles Ziel für sich gefunden. Damit ist es aber leider ja noch nicht erreicht. Das wissen Sie

sicherlich aus eigener Erfahrung. Sie müssen sich in Bewegung versetzen und handeln. Die Kraft, die Sie in Bewegung versetzt, ist Motivation. Ein wirklich wertvolles Ziel kann schon für sich allein eine Motivation sein – aber oft reicht diese Motivation eben noch nicht aus.

Deshalb besteht der zweite Schritt darin, die Zielmotivation zu verstärken. Darüber werden wir im nächsten Kapitel sprechen, dort geht es um Erfolg bei allem, was Sie tun. Dort werden wir Ihnen zeigen, wie Sie sich mit NLP so stark motivieren, dass Sie von Ihrer Motivation in Bewegung versetzt werden und gar nicht anders können, als aktiv auf Ihr Ziel loszugehen.

Dann fehlt nur noch der dritte Schritt: das konkrete Handeln. Sie bewegen sich auf Ihr Ziel zu – jetzt geht es um das »Wie«. Wie überwinden Sie Hindernisse, wie Ängste oder mangelndes Selbstvertrauen? Wie erwerben Sie sich neue Fähigkeiten und Kompetenzen? Wie sichern Sie sich die Unterstützung anderer Menschen bei Ihren Plänen? Das werden wir in den nächsten Kapiteln zeigen, wo Sie die NLP-»Werkzeuge« kennenlernen, die Sie auf Ihrem Weg einsetzen können, um alle Hindernisse zu überwinden.

PRA

Drei Schritte zum Erfolg

1. Ein Ziel bestimmen
2. Handeln wollen – Motivation
3. Handeln

Wünsche und Ziele

Nicht wenige Menschen verwechseln Träume und Wünsche mit Zielen. Träume und Wünsche haben natürlich eine große Kraft. Wenn man sich etwas sehr wünscht und fest an die Erfüllung dieses Wunsches glaubt, ist die Wahrscheinlichkeit, dass er in Erfüllung geht, schon mal ein Stück größer. Je mehr Sie zur Erfüllung beitragen können, desto größer wird die Wahrscheinlichkeit, dass Ihr Wunsch Wirklichkeit wird. Ein Wunsch ist ein Impuls, der Ihren Geist auf eine ganz bestimmte Sache ausrichtet. Ein Wunsch ist sozusagen der Keim eines Ziels. Wenn Sie wunschlos glücklich sind, brauchen Sie kein Ziel. Aber Wünsche sind eben noch keine Ziele. Die Ziele entstehen erst daraus.

Sie erfüllen sich Ihre Wünsche dadurch, dass Sie Ihre Aufmerksamkeit auf etwas richten. So entsteht in Ihrem Geist ein Ziel. Wenn Ihr ganzes Wesen mit einem Ziel in Einklang kommt, fällt Ihnen der nächste Schritt, mit dem Sie sich auf das Ziel zubewegen, schon viel leichter.

Wünsche können also etwas auslösen. Doch nur Wünsche, die Ausgangspunkte sind, sind kraftvoll. Wünsche, die selbst schon das Ziel sind, haben keine Kraft.

Das berühmte »Ich wünsche mir einen Sechser im Lotto« ist so ein Kandidat. Wenn Sie zu den Menschen gehören, die glauben, mit der Zauberformel »Ich wünsche mir …« die Lottozahlen beeinflussen zu können, wünschen wir Ihnen viel Glück. Meistens aber glauben diejenigen, die sich einen Millionengewinn wünschen, gar nicht wirklich daran, zu gewinnen – das ist sehr vernünftig und schadet auch nichts: Sich vorzustellen, wie es wäre, die Nachricht vom Supergewinn zu bekommen und mit dem Gedanken zu spielen, was man dann täte, macht einfach Spaß. Und im Gegensatz zum wirklichen Lottogewinn kann man diese Vorstellung beliebig oft wiederholen.

Die meisten übergroßen Wünsche sind einfach Spiele mit schönen Vorstellungen. Und daran ist überhaupt nichts verkehrt! Es ist eine Möglichkeit, angenehme Gefühle zu wecken. Aber es sind eben Wünsche und keine Ziele.

Wünsche, die in Erfüllung gehen sollen, laufen etwas anders ab. Auch sie beginnen mit angenehmen Vorstellungen. Doch sie bleiben nicht bei der Vorstellung stehen. Sie werden konkreter. Sie werden zu Zielen.

Das Wunder der Wunschvermehrung

Vielleicht haben Sie schon einmal bemerkt, dass es mit dem Wünschen nicht nur im Märchen wie verhext ist: Wenn ein Wunsch sofort erfüllt wird, ist das oft gar nicht so großartig, wie man sich das im ersten Moment vorgestellt hatte. Beispielsweise dann, wenn man die Folgen nicht bedacht hat. Das größte Problem ist jedoch, dass ein Wunsch, der sich auf einen Zielpunkt beschränkt, furchtbar unbefriedigend ist. Wird er erfüllt, tritt im Kopf eine große Leere ein, die sofort wieder gefüllt wird. Und zwar mit neuen Wünschen.

»Ach, jetzt hätte ich gerne einen Apfelkuchen. Ah, da habe ich ja einen – schade nur, dass keine Sahne dabei ist. Und zum Kuchen gehört ein Cappuccino. Aber ein richtiger italienischer. Am besten in einem schönen Café, am späten Vormittag, an so einem richtig schönen Sommertag. Natürlich würde ich da nicht alleine sitzen, sondern mit meinen Freunden. Und wir feiern gerade meinen Lottogewinn …«

Wünsche vermehren sich schneller als Kaninchen.

Aber selbst wenn Sie wirklich alles bekämen, was Sie sich wünschen, wäre das gar nicht so gut.

EXP

Stellen Sie sich einmal nur eine Minute lang vor, jeder Wunsch, der Ihnen in den Kopf kommt, würde sofort Realität. Die ersten paar Sekunden mag das ja ganz nett sein, doch dann wird es langweilig und später geradezu entsetzlich. Ihrem Leben würde jeder Sinn und jede Befriedigung genommen. Wünschten Sie sich dann aber Sinn und Befriedigung, würde die Fähigkeit der sofortigen Wunscherfüllungsfähigkeit sofort aufhören zu existieren. Beides zusammen geht ebenso wenig, als wünschten Sie sich, eine Schokoladentorte zu sein, die Sie gerade essen.

Um es effektiver zu machen, wünschen Sie sich also besser etwas, das Sie tun können, einen eigenen Weg. Dann entwickelt sich Ihr Wunsch zu einem Ziel, und die Wunscherfüllung wird zu einem Erfolg, der Sie befriedigt und Sie wirklich weiterbringt.

Gute Ziele beruhen auf Ihren Werten

Vielleicht haben Sie sich bereits ein Ziel gesetzt, das für Sie wichtig ist, vielleicht suchen Sie aber noch nach einem wirklich befriedigenden Ziel.
Bevor wir uns damit befassen, Ihr persönliches konkretes Ziel in Angriff zu nehmen, wollen wir uns einmal ansehen, was eigentlich hinter befriedigenden Zielen steht: Ihre persönlichen Werte.

DEF

Werte sind erstrebenswerte, in sich selbst wertvolle, als gut betrachtete Eigenschaften oder Qualitäten. Jeder Mensch hat persönliche Wertvorstellungen, aber auch Kulturen, Organisationen oder Religionen erheben oft den Anspruch, Werte vorzugeben.

Ein Ziel wird dann erfüllend und befriedigend für Sie sein, wenn es mit Ihren Werten übereinstimmt. Der charakteristische Unterschied zwischen Werten und Zielen besteht darin, dass Werte immer dynamisch sind – man kann einen Wert nicht erreichen, man lebt ihn. Ziele dagegen sind Stationen, an denen sich Werte besonders deutlich verwirklichen. Werte liegen unserem gesamten Handeln zugrunde; in allem, was wir tun, zeigen sich unsere

Werte. Schon bei so alltäglichen Dingen wie einem Einkauf im Supermarkt zeigt sich das: Jemand, für den der Wert »Sparsamkeit« eine wichtige Rolle spielt, wird anders einkaufen als jemand, dem Werte wie »Qualität« oder »Gesundheit« etwas Besonderes bedeuten.

Doch obwohl Werte eine so wichtige Rolle spielen, fällt es vielen Menschen nicht so leicht, ihre Werte spontan zu benennen.

EXP

Sind Ihnen Ihre Werte bewusst? Denken Sie mal ein paar Sekunden darüber nach, was Ihre Werte sein könnten, bevor Sie weiterlesen.

Es gibt zwei Grundsituationen, in denen Sie sich Ihrer Werte besonders deutlich bewusst werden können:

1. Wenn einer Ihrer Werte missachtet wird und
2. wenn einer Ihrer Werte verwirklicht wird.

Wenn beispielsweise »Mut« ein wichtiger Wert für Sie ist, werden Sie auf Feigheit wahrscheinlich ziemlich negativ reagieren. In einer Situation, in der Sie Mut beweisen konnten, werden Sie sich großartig fühlen.

EXP

Sehen Sie sich einmal die Werte in der folgenden Liste an. Überprüfen Sie sie ganz kurz auf ihre Bedeutung für Ihr Leben, indem Sie sich Situationen ins Gedächtnis rufen, wo der betreffende Wert missachtet bzw. verwirklicht wurde. Wenn Sie für einen Wert sowohl starke negative Reaktionen bei seiner Missachtung als auch starke positive Reaktionen bei seiner Verwirklichung finden, spielt dieser Wert eine zentrale Rolle in Ihrem Leben. Wenn Sie einen Stift zur Hand haben, unterstreichen Sie diesen Wert. Natürlich gibt es viel mehr Werte, als in unserer Liste stehen. Wenn Sie einen anderen persönlichen Wert finden, schreiben Sie ihn dick dazu ins Buch!

Werte

Abenteuer
Aktivität
Ansehen
Begeisterung
Bewegung
Dienen
Ehrlichkeit
Einfachheit
Einzigartigkeit
Erfüllung
Erkenntnis
Fähigkeit
Freiheit
Freude
Freundschaft
Frieden
Gemeinschaft
Gerechtigkeit
Gesundheit
Glück
Harmonie
Herausforderung
Humor
Individualität
Kreativität
Lehren
Leistung
Lernen
Liebe
Macht
Menschlichkeit
Mut
Ordnung
Offenheit
Religion
Ruhm
Schönheit
Selbstständigkeit
Sicherheit
Spaß
Spiritualität
Toleranz
Veränderung
Verantwortung
Wahrheit
Weisheit
Weltverbesserung
Würde

Vielleicht hat Ihnen das Werte-Erforschen schon eine Überraschung beschert? Das Verdeutlichen der eigenen Werte kann sehr interessante Einsichten bringen: Vielleicht erkennen Sie, dass Sie einige Ihrer zentralen Werte in Ihrem Leben bislang vernachlässigt oder überhaupt nicht berücksichtigt haben. Das könnte eine Quelle von Unzufriedenheit, Leere oder sogar Krankheiten sein!

Die folgende kleine Übung müssen Sie nicht sofort machen. Wir möchten Ihnen aber empfehlen, Sie in einer ruhigen Minute doch einmal nachzuholen, da sie Ihnen viel über Ihr augenblickliches Leben sagt.
Überlegen Sie, was Ihre wichtigsten Tätigkeiten und Rollen (Vater/Mutter, Chef/Chefin, Angestellte/Angestellter, Sportlerin/Sportler) sind, und denken Sie darüber nach, welche Ihrer Tätigkeiten welche Ihrer Werte verwirklichen.

EXP

EXP

Wenn Sie besonders methodisch vorgehen möchten:

- Schreiben Sie Ihre wichtigen Werte nebeneinander.
- Schreiben Sie Ihre verschiedenen Tätigkeiten oder Rollen, die Sie ausüben oder ausüben wollen, untereinander.
- Dann geben Sie jeder Tätigkeit für jeden Wert eine »Note« (1= sehr gut, 6= sehr schlecht), die ausdrückt, wie gut diese Tätigkeit den jeweiligen Wert verwirklicht.

Damit bekommen Sie ein direktes Maß dafür, was Ihre Werte am besten verwirklicht – und das ist ein guter Anhaltspunkt dafür, wo Sie Wert-volle Ziele finden!

Geld als Ziel

Wenn Sie eine Vorstellung von Ihren Werten haben, wird es Ihnen logischerweise leichter fallen, wertvolle Ziele aufzuspüren. Aber ganz unabhängig von Ihren Werten wird es häufig der Fall sein, dass Geld eine Rolle spielt. Vielleicht spielt Geld im Grund keine Rolle für Sie. Und in der Tat wird die Bedeutung von Geld meist extrem überschätzt. Es ist geradezu eine Binsenweisheit, dass Geld nicht glücklich macht. Die Glücksforschung hat das ziemlich klar gezeigt: Geld macht so lange zufriedener, bis die Grundbedürfnisse befriedigt sind. Alles, was darüber hinausgeht, trägt so unwesentlich zur Lebenszufriedenheit bei, dass das Streben nach mehr eine äußerst ineffektive Strategie beim Streben nach mehr Zufriedenheit ist.

Doch selbst wenn Ihnen das völlig klar und Geld für Sie kein wichtiges Ziel ist, kann Geld manchmal dennoch nötig sein, um ein bestimmtes Ziel zu verwirklichen. Ob es ein sinnvolles Ziel ist, können Sie mit einem kleinen Experiment herausfinden, das Ihnen mehr sagt, als Tagträumereien oder theoretische Diskussionen.

Der Lottogewinn
Stellen Sie sich vor, Sie hätten plötzlich 1 Million Euro zur Verfügung. Was in Ihrem Leben würde sich verändern? Denken Sie an die wichtigste Veränderung.

Frage A: Wie sicher ist es, das ich mein Ziel verfolgen werde, wenn ich das Geld zur Verfügung hätte?

- Sehr unwahrscheinlich
- Möglicherweise
- Wahrscheinlich
- Ganz sicher

Frage B: Wäre es möglich, dasselbe auch ohne den Lottogewinn zu machen?

- Ja, eigentlich schon
- Wenn ich mich ein wenig bemühe
- Kaum, nur unter größten Schwierigkeiten
- Nein, es wäre unmöglich.

Vergleichen Sie die beiden Antworten – das gibt Ihnen einen sehr konkreten Anhaltspunkt dafür, wie wichtig Geld für die Verwirklichung Ihres jeweiligen Ziels wirklich ist. Ein Ziel, bei dem es »sehr unwahrscheinlich« ist, dass Sie es anpacken würden, wenn Sie das Geld hätten und das Sie gleichzeitig »eigentlich schon« ohne Geld erreichen könnten, bedarf des Geldes offensichtlich nicht. Würden Sie Ihr Ziel dagegen »ganz sicher« anpacken, wenn Sie das Geld hätten, wäre es aber ohne Geld »unmöglich« – dann ist Geld ein echtes Ziel, das sich lohnt, da es weitere Ziele ermöglicht!

Das Ziel in Form bringen

Wir haben es schon einmal angesprochen, aber es kann gar nicht oft genug gesagt werden, weil es so wichtig ist: Je besser Sie Ihr Ziel kennen, desto leichter wird es Ihnen fallen, es zu erreichen. In der Regel denken Menschen natürlich, sie würden ihre Ziele durchaus gut kennen. In Wahrheit herrschen aber meist sehr ungenaue Vorstellungen über die Beschaffenheit eines Ziels.

Im NLP ist die genaue Zielbestimmung von größter Bedeutung. Da die Veränderungen, die durch NLP herbeigeführt werden können, oft sehr weitreichend sind, ist es wichtig, genau zu klären, ob das angestrebte Ziel wirklich das ist, was erreicht werden soll. Deshalb steht vor jeder NLP-Methode, die eine positive Veränderung auslösen soll, ein genaue Zielbestimmung. Dabei wird das Ziel so klar dargestellt, dass der Weg zum Ziel bereits deutlich wird und auch mögliche Hindernisse berücksichtigt werden.

Ein Ziel, das klar beschrieben wird, ist ein »wohlgeformtes Ziel«. Die Methode, ein Ziel klar zu definieren, heißt ebenso – nur, um international verständlich zu sein, auf Englisch »Wellformed Outcome« (WFO).

NLP

Im NLP ist ein »wohlgeformtes Ziel« oder »Wellformed Outcome« (WFO), ein Ziel, das klar strukturiert und daher durch zielgerichtetes Handeln erreichbar ist. Im NLP hat ein Ziel eine »Form«. Damit ist gemeint, dass es aus Sinneseindrücken, Gefühlen, Gedanken, Vorstellungen und Erwartungen aufgebaut ist. Ein »wohlgeformtes Ziel« hat eine Form, die besonders motivierend ist, die Kraft verleiht und zum Handeln anregt.

Die Bedeutung der WFO-Methode, d.h. der strukturierten Zielbestimmung, ist zentral im NLP. Denn wenn Sie etwas verändern

wollen, wollen Sie ja irgendetwas erreichen. Das heißt, Sie haben ein Ziel. Da dieses Ziel der Ausgangspunkt ist, wird es bei den meisten NLP-Techniken am Anfang stehen. Bevor Sie eine NLP-Übung machen, ist es fast immer sehr sinnvoll, zunächst die Zielbestimmung nach dem WFO-Modell vorzunehmen. Das wird vorausgesetzt und nicht jedes Mal gesondert erwähnt.
Eigentlich ist es ganz klar: Wenn Sie etwas wollen, ist es gut, wenn Sie möglichst genau wissen, was Sie denn eigentlich wollen! Und um Ihnen dabei zu helfen, gibt es die Vorgehensweise Wellformed Outcome. Wir werden uns dieses strukturierte Vorgehen nun ganz genau, Schritt für Schritt, ansehen. In unserem Buch nimmt das einige Seiten in Anspruch. Die Schritte sind jedoch ganz logisch, und Sie werden sie schnell verinnerlicht haben. Sind Sie erst einmal mit WFO vertraut, werden Sie immer, wenn Sie etwas vorhaben, ganz natürlich die Schritte zu Ihrem Ziel durchgehen. Es ist einfach ein gutes Gefühl, nicht im Nebel herumzutappen, sondern seine Ziele klar und deutlich vor sich zu sehen!

Wellformed Outcome – WFO

TEC

Anwendung: Zielbestimmung

1. Was ist das Ziel?
2. Verwirklicht das Ziel wirklich meine Werte?
3. Woran erkenne ich, dass ich mein Ziel erreicht habe?
4. Was hat sich durch das Ziel in meinem Leben verändert?
5. Was brauche ich noch, um mein Ziel zu erreichen?
6. Hält mich noch etwas auf?

Nun werden wir uns die einzelnen Schritte genauer ansehen, damit Sie sich wirklich konkret vorstellen können, wie Sie beim WFO vorgehen. Als Beispiel haben wir das Ziel gewählt: »Ich will selbstsicherer werden.« Wir empfehlen Ihnen, bei jedem Schritt mitzumachen – und dabei natürlich alles auf Ihr eigenes Ziel anzuwenden.

1. Was ist das Ziel?

Die erste Zielsetzung ist in der Regel noch zu wenig konkret. Was bedeutet im Beispiel »selbstsicher werden«? Auf einem Marktplatz in Unterwäsche eine Rede halten oder einen Passanten nach der Uhrzeit fragen? Wenn Sie Ihr Ziel nicht konkret benennen, werden Sie niemals feststellen können, ob Sie es auch erreicht haben!

Positiv formulieren

Wichtig ist es auch, dass Sie Ihr Ziel positiv formulieren. Wenn Sie sagen »Ich will nicht mehr so unsicher auftreten« – damit machen Sie es sich selbst ziemlich schwer, weil Sie immer das im Kopf behalten müssen, was Sie dort eben nicht mehr haben wollen! Besser ist: »Ich will selbstsicher auftreten.«
Noch besser: »Ich werde selbstsicher auftreten.« Denn Sie wollen ja nicht nur den Wunsch haben, etwas zu erreichen, sondern es tatsächlich erreichen!

Keine Vergleiche

Ein weiterer Fehler, der beim Zielformulieren oft auftritt, ist das Anstellen von Vergleichen. Wenn Sie selbstsicher werden möchten, ist es nicht so sinnvoll, sich als Ziel zu setzen: »Ich will selbstsicherer werden.« Denn es stellt sich automatisch, wenn auch in der Regel unbewusst, die Frage: »Selbstsicherer als wer oder was?« Meist ist gemeint: »Selbstsicherer, als ich es jetzt bin« – womit wir beim selben Problem wie bei den negativen Formulierungen wären: Um feststellen zu können, ob Sie tatsächlich selbstsicherer werden, müssen Sie Ihr Bild von sich als wenig selbstsicher im

Kopf behalten. Lassen Sie das besser sein! Besser ist: »Ich werde selbstsicher auftreten.«

Der Zeitrahmen

Zu der Frage: »Was ist das Ziel?« gehört auch der Zeitrahmen! Wenn Sie Ihr Ziel ohne einen Zeitrahmen (d. h. wann Sie Ihr Ziel erreicht haben wollen) formulieren, sind Sie möglicherweise immer auf dem Weg zu Ihrem Ziel, kommen aber nie dort an! Wenn Sie heute sagen: »Ich will irgendwann einmal auf einer Feier eine Rede halten«, stimmt das auch noch in 50 Jahren. Sagen Sie: »Ich werde spätestens an Onkel Ronalds nächstem Geburtstag eine Rede halten«, können Sie an dem Tag, an dem Onkel Ronald Geburtstag hat, feststellen, ob Sie Ihr Ziel erreicht haben oder nicht. So bekommen Sie eine wertvolle Rückmeldung.

Eigene Kompetenz

Ganz wichtig ist schließlich, dass Sie Ihr Ziel durch eigene Kompetenz erreichen können; d. h. »Ich werde selbstsicher auftreten«, und nicht: »Ich will, dass meine Kollegen nicht lachen, wenn ich eine Rede halte«. Geben Sie die Kontrolle nicht aus der Hand! Sie können sich selbst verändern; Sie können sich auch als Ziel setzen, etwas zu tun, das die Wahrscheinlichkeit erhöht, dass Menschen anders reagieren – aber es ist kein selbstbestimmtes Ziel, sich zu wünschen, dass Menschen anders wären, als sie nun einmal sind!

Ein gutes Ziel muss folgende Grundeigenschaften haben:

- Es muss konkret sein.
- Es muss positiv formuliert sein und darf keine Vergleiche beinhalten.
- Es muss einen festen Zeitrahmen haben.
- Es muss durch eigene Kompetenz erreichbar sein.

NLP

In unserem Beispiel wäre also eine gute Antwort auf »Was ist das Ziel?«: »Ich werde auf Onkel Ronalds Geburtstag eine fünfminütige Rede ohne Manuskript halten. Ich werde so selbstsicher auftreten, dass ich mich wohlfühle.«

In unserem Beispiel ist das Ziel relativ nah – es liegt höchstens ein Jahr in der Zukunft. Manchmal taucht aber ein Problem auf: Der Zeitrahmen ist zu groß. Das macht für die Zielbestimmung erst einmal nicht so viel aus. Später jedoch muss das Ziel in kleinere Abschnitte aufgeteilt werden, um schneller Feedback über den Erfolg zu bekommen. Im NLP heißt das Chunking – »in Stücke aufteilen«.

NLP

Chunking heißt im NLP das Aufteilen in Unterziele. Das mag zwar banal klingen, aber viele Menschen denken einfach nicht daran und verlieren die Motivation, weil ihr Ziel zu weit entfernt ist. Wenn Sie ein Ziel in kleine Unterziele gliedern, sorgen Sie dafür, dass Sie mehr Erfolgserlebnisse und damit eine größere Motivation haben!

2. Verwirklicht das Ziel wirklich meine Werte?

Natürlich verwirklicht jedes Ziel, das Sie sich setzen, irgendeinen Ihrer Werte. Dennoch ist es wichtig, dass Sie sich bewusst machen, welche Werte ein bestimmtes Ziel verwirklicht. Denn wenn Ihnen das klar ist, wird Ihnen eventuell ebenfalls klar, dass das gesetzte Ziel Ihre Werte möglicherweise nicht besonders effektiv repräsentiert.

So legt die Werbung beispielsweise nahe, dass Sie durch den Kauf bestimmter Dinge – beispielsweise ein bestimmtes Deo oder einen Sportwagen – Attraktivität und Ansehen gewinnen. Das sind Werte, die für sehr viele Menschen eine wichtige Rolle spielen.

Die Werbung wirkt, weil sie die Verwirklichung eines Wertes verspricht. Das wird natürlich nicht ausdrücklich gesagt und nicht (oder kaum) vom Bewusstsein wahrgenommen. Wenn Sie nun ein Deo oder ein Auto kaufen wollen und sich bewusst sind, dass Sie dies tun, um Ansehen zu gewinnen, wird Ihnen möglicherweise klar, dass es zahlreiche andere, weitaus effektivere Wege gibt, diese Werte zu verwirklichen.
In unserem Beispiel: »Durch ein selbstsicheres Auftreten verwirkliche ich ein paar meiner zentralen Werte, nämlich Mut, Ansehen und Selbstständigkeit.«

3. Woran erkenne ich, dass ich mein Ziel erreicht habe?

Sie haben immerhin schon bestimmt, was genau Sie als Ziel betrachten, wann Sie es erreichen und welche Ihrer Werte es verwirklicht. Fühlt sich das nicht schon gut an?
Jetzt wollen wir klären, wie Sie feststellen können, ob Sie Ihr Ziel erreicht haben. Vielleicht lachen Sie über diese Frage. Sie scheint auf den ersten Blick zu leicht zu beantworten. Im NLP wollen wir es aber ganz genau wissen – das Ziel soll in absoluter Klarheit im Bewusstsein und im Unterbewusstsein verankert werden.
Machen Sie sich dazu erst einmal ganz klar,

- welche Aktivitäten genau Sie unternehmen, wenn Sie Ihr Ziel erreichen,
- was Sie in dem Moment tun, in dem Sie an Ihrem Ziel ankommen,
- welche Gefühle Sie in dem Augenblick bewegen, in dem Sie Ihr Ziel erreichen.

Stellen Sie sich den Zielzustand möglichst genau, in allen Einzelheiten, vor. Denken Sie dabei an »VAKOG« (Seite 25): Mit allen

Sinnen! Welche sinnesspezifischen Eindrücke sind mit dem Zielzustand verbunden?
In unserem Beispiel könnte die Antwort lauten: »Ich bin auf Onkel Ronalds Geburtstag. Ich klopfe ans Glas und bin freudig gespannt auf die Wirkung meiner gut vorbereiteten Rede. Es kribbelt angenehm spannungsvoll in meinem Bauch. Ich stehe auf und genieße die Aufmerksamkeit. Ich höre die Stimmen meiner Freunde, sehe meinen Zuhörern in die Augen und achte darauf, ihre Aufmerksamkeit wachzuhalten. Ich fühle mich großartig und freue mich, etwas Nettes zu diesem Fest beizutragen. Ich höre den Applaus und bin stolz auf mich. Ein warmes, wohliges Gefühl steigt in mir auf, und ich bin voller Zufriedenheit mit dem, was ich geschafft habe.«

4. Was hat sich durch das Ziel in meinem Leben verändert?

Ein Ziel, das überhaupt nichts Neues in Ihr Leben bringt, ist es wohl kaum wert, irgendwelche Mühen dafür aufzuwenden. Wenn Ihr Ziel rein gar nichts für Sie verändert, ist schon eine Fingerbewegung zu viel Aufwand dafür. Machen Sie sich deshalb ganz klar, was sich in Ihrem Leben verändert haben wird, wenn Sie Ihr Ziel erreicht haben.
Möglicherweise bemerken Sie erst, wenn Sie sich diese Frage stellen, dass sich eigentlich gar nichts verändert – gerade Konsumziele sind oft nur so lange interessant, bis sie erreicht sind. Ändert sich durch den Kauf eines neuen Autos, eines neuen Fernsehers oder Computers wirklich etwas in Ihrem Leben? Das könnte natürlich durchaus der Fall sein – ziemlich oft ist es aber eben gerade nicht so.
Und wenn sich nur sehr wenig verändert, können Sie überlegen, ob es sich dafür wirklich lohnt, oder ob Sie vielleicht lieber ein anderes Ziel angehen sollten.

In unserem Beispiel: »Ich habe erfahren, dass ich keine Scheu haben muss, vor Menschen zu sprechen. Manchmal muss ich auch in meinem Beruf sprechen – das wird mir viel leichter fallen. Nicht zuletzt genieße ich mein Selbstvertrauen und traue mir mehr zu. Auch, wenn ich mit meinem Chef spreche, werde ich freier sprechen können. Das lohnt sich!«

5. Was brauche ich noch, um mein Ziel zu erreichen?

Um effektiv an Ihr Ziel zu gelangen, ist es wichtig, dass Sie sich Gedanken darüber machen, welche **Ressourcen**, also welche Fähigkeiten und Kräfte, Sie dafür benötigen.

> **Ressource** bedeutet »Mittel« oder »Quelle«. In der Wirtschaft versteht man darunter beispielsweise Rohstoffe oder Energien. In der Psychologie im Allgemeinen und im NLP im Besonderen bedeutet es »Fähigkeiten«, »Eigenschaften«, »Erfahrungen«, »Kenntnisse« – also alles, was Menschen einsetzen können, um ihre Ziele zu erreichen.
>
> NLP

Für jede Ressource, die Sie brauchen, suchen Sie – am besten sofort – in Ihrer Vergangenheit nach entsprechenden positiven Erfahrungen, Kenntnissen und Fähigkeiten. Das heißt, Sie überlegen einfach, wo Sie das, was Sie benötigen, schon einmal erfolgreich verwendet haben.
Ein wichtiger Grundsatz im NLP lautet: »Jeder Mensch verfügt über alle **Ressourcen**, die er benötigt.« Das klingt zwar erst einmal ein wenig übertrieben – doch wenn Sie darüber nachdenken, können Sie feststellen, dass dieser Grundsatz fast immer zutrifft.

EXP

Vielleicht haben Sie den Eindruck, nicht über die **Ressourcen** zu verfügen, die Sie benötigen. Es gibt ein schnelles Mittel, um das zu überprüfen. Formulieren Sie die Ressource, die Sie suchen, als Eigenschaftswort. Beispielsweise wird »Geduld« zu »geduldig«, »Fleiß« zu »fleißig«, »Ausdauer« zu »ausdauernd« usw.
Stellen Sie sich die Frage: »War ich wirklich niemals .... [hier setzen Sie das Eigenschaftswort ein]?«
Es kommt tatsächlich nur äußerst selten vor, dass man diese Frage mit »Ja« beantwortet. In der Regel werden Sie die gesuchte Ressource also irgendwo in Ihrer Vergangenheit finden! Und das bedeutet: Diese Ressource ist in Ihnen!

In unserem Beispiel könnte die Antwort lauten: »Ich brauche: Zeit, um Übungen zu machen, um meine Selbstsicherheit zu erhöhen; Zeit und Kreativität, um eine gute Rede auszuarbeiten. Und ich brauche das Durchhaltevermögen, um nicht vorzeitig aufzugeben.«

6. Hält mich noch etwas auf?

Das ist die abschließende Frage, die Ihnen zeigt, ob Sie wirklich bereit sind für Ihr Ziel, oder ob es noch etwas zu klären gibt, bevor Sie sich auf den Weg machen. Beispielsweise könnte Ihnen im Verlauf der Wellformed-Outcome-Technik klar geworden sein, dass Sie erst einmal an den dafür wesentlichen **Ressourcen** arbeiten sollten, bevor Sie sich auf den Weg zu Ihrem Ziel machen. Aber natürlich kann Ihnen auch klar geworden sein, dass Ihnen tatsächlich nichts mehr im Weg steht und Sie nun beginnen sollten, zu handeln.
In unserem Beispiel wäre die Antwort dann: »Es gibt keinen Grund, nicht jetzt schon damit zu beginnen, meinem Ziel entgegenzugehen. Ich werde noch heute versuchen, allein im Zimmer

eine kurze Rede zu halten, um zu sehen, wie schwer es mir wirklich fällt. Dabei werde ich mich mit der Videokamera aufnehmen – dann sehe ich nicht nur, was ich jetzt noch besser machen kann, sondern kann später auch feststellen, wie deutlich ich mich verbessert habe.«

Ihr Ziel ist greifbar

Sie haben es geschafft! Zumindest den ersten wichtigen Schritt: Ihr Ziel steht Ihnen nun klar vor Augen. Sie sind mit dem Ziel vertraut, und es ist weit über das Stadium bloßen Wünschens hinausgewachsen. Wahrscheinlich wissen Sie nun auch viel mehr über Ihr Ziel als vorher. Und sicher sind Sie jetzt auch noch stärker motiviert, Ihr Ziel anzugehen!
Sie sehen also: Eine Zielbestimmung ist viel mehr als eine langweilige Definition und Formalität! Wenn Ihnen Ihr Ziel klar vor Augen steht und Sie sich darüber im Klaren sind, was sich in Ihrem Leben positiv verändern wird, wenn Sie Ihr Ziel erreicht haben – und wenn Sie auch noch wissen, dass Sie Ihr Ziel mit Ihren Ressourcen erreichen können: Dann sind Sie wirklich motiviert!
Und dann können Sie sich auf den Weg machen.

Das Ziel abklopfen

Hatten Sie Spaß dabei, sich Ihr Ziel genau anzusehen? Dann können Sie noch zwei weitere Schritte machen.
Ja, Sie kennen das Ziel gut. Aber Sie haben noch nicht untersucht, ob das Ziel für Ihr Leben wirklich funktioniert.
Im NLP wird empfohlen, das systematisch zu untersuchen. Dazu gibt es zwei Methoden. Die eine sucht nach Schwächen des Ziels, bei der zweiten geht es um die Überprüfung dessen, ob das erreichte Ziel das verändert, was es verändern soll.

Risiken und Nebenwirkungen

Was ginge Ihnen durch das Erreichen Ihres Ziels möglicherweise verloren?

Eine sinnvolle Zielbestimmung sollte sinnvollerweise auch klarstellen, welche negativen Konsequenzen es hat, wenn Sie Ihr Ziel anstreben. Machen Sie sich deshalb auch klar, was Sie entbehren oder verlieren, wenn Sie sich auf den Weg zu Ihrem Ziel begeben. Das ist nichts Negatives – Sie können dadurch wertvolles Feedback bekommen!

Ebenso wichtig ist es, dass Sie sich darüber klar werden, ob es Situationen gibt, worin Sie das neue Verhalten oder die neue Fähigkeit nicht gebrauchen können. Wenn Sie sich beispielsweise das Ziel setzen, energisch und standhaft zu sein, wird das in manchen Krisengesprächen mit Ihrem Chef möglicherweise Probleme verursachen. Fragen Sie sich auch, was Ihnen durch das Erreichen Ihres Ziels nicht mehr möglich wäre. Machen Sie sich diese Dinge ganz bewusst. Ihr Ziel wird dadurch noch wohlgeformter. Damit überprüfen Sie, die »Ökologie Ihres Ziels«, d. h. ob es wirklich für Ihr Leben passt.

NLP

Im NLP heißt diese Prüfung potenzieller negativer Konsequenzen »Ökologische Überprüfung«, oder kurz (und englisch) Eco-Check, denn er untersucht die Neben- und Wechselwirkungen einer beabsichtigten Veränderung.

DEF

Die Ökologie ist ursprünglich ein Teilgebiet der Biologie, in dem die Wechselbeziehungen der Lebewesen untereinander und mit ihrer unbelebten Umwelt erforscht werden. Im übertragenen Sinn bezeichnet Ökologie die Wechselbeziehungen zwischen den Teilen eines Ganzen und dem Ganzen selbst.

Schieben Sie die Fragen nach den Schattenseiten Ihres Ziels nicht beiseite! Es gibt kein Ziel, das nicht auch negative Konsequenzen hätte. Im günstigsten Fall bedeutet das nur, dass Sie für Ihr Ziel Zeit aufwenden müssen, die dann für andere Ziele nicht mehr zur Verfügung steht. Suchen Sie nach den negativen Konsequenzen, auch wenn es Ihnen zunächst schwerfällt. Überlegen Sie dann, wie Sie mit diesen negativen Konsequenzen umgehen wollen.

Eco-Check

1. Überlegen Sie sich negative Konsequenzen, die mit Ihrem Ziel verbunden sind.

In unserem Beispiel: »Ich muss meiner Familie erklären, warum ich mich manchmal zurückziehe und laut mit mir selber spreche. Vielleicht lacht mich meine Frau aus. Ich werde auch lernen müssen, mit Frustrationen fertig zu werden. Ich brauche eine Videokamera.«

2. Überlegen Sie dann, wie Sie mit diesen negativen Konsequenzen umgehen wollen.

In unserem Beispiel: »Meiner Familie zu erklären, was ich vorhabe, ist eine gute Sache – ich bin sicher, sie werden Verständnis haben. Wenn meine Frau lacht, lache ich einfach mit. Es ist ja auch komisch, wenn ich laut Reden halte. Ich bereite mich innerlich darauf vor, mit Frustrationen umzugehen – dabei hilft mir sicher auch dieses Buch. Ich muss keine Videokamera kaufen; mein Computer hat ja eine Webcam, mit der ich die Aufzeichnungen machen kann.«

Diese beiden Punkte können Sie bei der Zielsuche nach Schritt 4 einschieben.

In die Zukunft und zurück

Bei den meisten NLP-Techniken geht es darum, etwas zu verändern. Das Ziel ist also Veränderung. Deshalb ist es gut, wenn Sie überprüfen, ob die gewünschte Veränderung auch funktioniert. Wenn Sie Ihr Verhalten, Ihre Gewohnheiten oder Ihre Gefühle verändern wollen, ist so eine Überprüfung wichtig. Deshalb wollen wir dieses NLP-Standardverfahren auch gleich hier vorstellen.

NLP

Future Pace: Dieser NLP-Ausdruck bezeichnet ein NLP-Standardverfahren, das dazu dient, die Wirksamkeit einer Veränderung zu prüfen.

Solange wir noch keine Zeitmaschine haben, können wir uns zukünftige Auswirkungen von Veränderungen natürlich nicht wirklich ansehen. Aber wir haben ja eine Zeitmaschine in unserem Kopf: unsere Vorstellungskraft.

TEC

Beim Future Pace stellen Sie sich eine Situation vor, in der Ihr Mangel an Selbstvertrauen oder Ihre Unsicherheit besonders auffiel oder besonders unangenehm war. Nun projizieren Sie diese Situation (nicht Ihre Reaktion darauf!) in die Zukunft. Wenn Sie sich eine solche Situation nun vor Augen führen, sollten – wenn die Übung erfolgreich war – keine (oder zumindest wesentlich weniger) negative Gefühle auftauchen. Wenn Sie beim Future Pace feststellen, dass sich an Ihren Reaktionen nichts oder nur sehr wenig verändert hat, sollten Sie die Übung wiederholen (und versuchen, die einzelnen Stufen intensiver durchzuführen) oder noch genauer hinsehen, was der Veränderung entgegensteht.

Kapitel 4

Erfolg – Wie Sie erreichen, was Sie wirklich wollen

Der Weg zum Gelingen

Was auch immer Sie vorhaben: Sie wollen das, was Sie tun, sicherlich erfolgreich tun. Es gibt natürlich so viele Vorstellungen davon, was Erfolg ist, wie es Menschen gibt. Jeder hat seine eigene Vorstellung von »Erfolg«.

Im NLP kann es daher nicht darum gehen, einen Weg zum Erfolg aufzuzeigen. Das geht nicht – denn was für den einen Erfolg bedeutet, bedeutet einem anderen gar nichts.

Ein paar Dinge haben jedoch alle Vorstellungen von Erfolg gemeinsam:

- Erfolg führt zu angenehmen Gefühlen. Tauchen keine oder negative Gefühle auf, ist es ein »Pyrrhussieg«, d. h. ein Sieg, der mehr Verlust als Gewinn bringt.
- Erfolg steht im Einklang mit der Persönlichkeit. Tut er das nicht, stellen sich die angenehmen Gefühle nicht ein.
- Erfolg braucht die Absicht zu handeln. Ein Lottogewinn ist natürlich erfreulich, aber kein Erfolg.

EXP Bevor Sie weiterlesen, denken Sie bitte einmal kurz darüber nach, was Erfolg für Sie persönlich bedeutet.

Was uns bewegt

Das Wort »Motivation« oder »Motiv« spricht schon für sich – es kommt von dem lateinischen Wort *movere* für »bewegen«. Ohne Motivation bewegt sich nichts beziehungsweise niemand. Ja, nicht nur das: Ohne Motivation kann niemand etwas tun. Es ist geradezu unmöglich, sich vorzustellen etwas zu tun, ohne dafür irgendeinen – und sei es einen noch so abwegigen oder unbewussten – Grund zu haben.

Je stärker dieser Beweggrund, dieses Motiv, desto energischer und kraftvoller wird die Handlung sein, die es auslöst. Je stärker die Motivation, desto mehr Energien werden mobilisiert. Und je mehr Energie zur Verfügung steht, desto leichter wird das Handeln fallen.

Ein sehr häufiges Motiv ist Geld. Wenn wir Sie jetzt bitten, zweimal möglichst schnell um Ihren Häuserblock zu rennen, werden Sie uns diesen Gefallen höchstwahrscheinlich nicht tun. Wenn wir Ihnen 1000 Euro dafür bieten, werden Sie sich schon eher aufraffen können. Und wenn wir Ihnen für jede Sekunde, die Sie weniger als 10 Minuten brauchen, um die zwei Runden zu schaffen, 10.000 Euro bieten, werden Sie aller Wahrscheinlichkeit nach Ihre persönliche Bestzeit laufen.

Leider bekommt man solche interessanten Angebote eher selten. Demgegenüber stehen allerlei lästige Dinge, die Sie mit wenig Motivation und daher großer Kraftanstrengung bewältigen »müssen«. Und es gibt vieles, das nicht unangenehm ist und das Sie gerne täten – aber es fehlt Ihnen an Motivation, sie reicht nicht aus, um Sie in Bewegung zu bringen. Beispielsweise wären Sie gern schlank oder fit oder würden gern eine neue Sprache können. Nichts davon ist unangenehm. Aber die Motivation, es anzupacken, müsste man eben haben!

Wäre es nicht wundervoll, wenn Sie selbst die Stärke Ihrer Motivation beeinflussen könnten? Dann wäre Ihnen praktisch alles möglich!

Und tatsächlich können Sie das. Sie können lernen, Ihre Motivation zu erhöhen, egal, um welches Ziel es sich handelt. Es kann ein wirklich großes Ziel sein oder ein nur ganz kleines, wie beispielsweise endlich den Abwasch zu erledigen. Wie das geht, erfahren

Sie in diesem Kapitel. Doch zuvor noch ein paar wichtige grundsätzliche Erklärungen zum Thema »Motivation«.

Schlechte Erfahrungen vermeiden

Es gibt zwei grundlegende Typen von Motivation, die Ihnen sicher vertraut sind.

Die häufigste Motivation ist Schmerz. Schmerz ist ein deutliches Signal für Veränderung. Diese Art von Motivation ist jedem Lebewesen »eingebaut« – selbst die primitivsten Lebensformen können durch Verletzungen zu schnellen Fluchtreaktionen »motiviert« werden.

EXP

Setzt man einen Regenwurm in eine Petrischale und tut einen Tropfen Salzsäure in die Schale (natürlich nicht auf den armen Wurm!), kann man etwas Erstaunliches sehen: Der Wurm bewegt sich mehr oder weniger zufällig – doch sobald er auf den Tropfen Säure stößt, springt er hoch!

Die Fluchtmotivation ist die häufigste Motivationsform – auch im psychologischen Bereich. Die meisten Menschen beginnen erst dann mit Veränderungen, wenn ihnen der augenblickliche Zustand zu unangenehm wird. Sie kennen das sicherlich: Wer beginnt schon mit einer Diät, solange er schlank ist? Je unangenehmer das Gewicht wird, desto stärker wird die Motivation zum Abnehmen.

Die Fluchtmotivation ist biologisch ungeheuer sinnvoll. Ohne Fluchtreaktion bei Schmerzen kann ein Organismus nicht überleben. Doch die Fluchtmotivation hat ein paar schwerwiegende Nachteile: Ihr wichtigster Nachteil besteht darin, dass sie ungerichtet wirkt.

Die Fluchtmotivation gibt einem die Kraft, sich von der Ausgangssituation fortzubewegen – aber wohin? Die Handlung, die durch eine Fluchtmotivation ausgelöst wird, führt oft in Situationen, die noch unangenehmer sind als die Ausgangssituation. Das Paradebeispiel ist die Flucht in Drogen: Damit ist die Flucht aus dem unerträglichen grauen Alltag zwar gelungen, doch von einer Verbesserung der Lebenslage kann wohl kaum die Rede sein.

Überlegen Sie kurz, in welchen Situationen Sie eine Fluchtmotivation zeigen/empfinden – und ob das zum erwünschten Ergebnis führt.

EXP

Ein weiteres Problem mit der Fluchtmotivation: Die Aufmerksamkeit wird auf das gelenkt, was unangenehm ist. Die Energie, die diese Aufmerksamkeit benötigt, fehlt dann für positive Ziele.

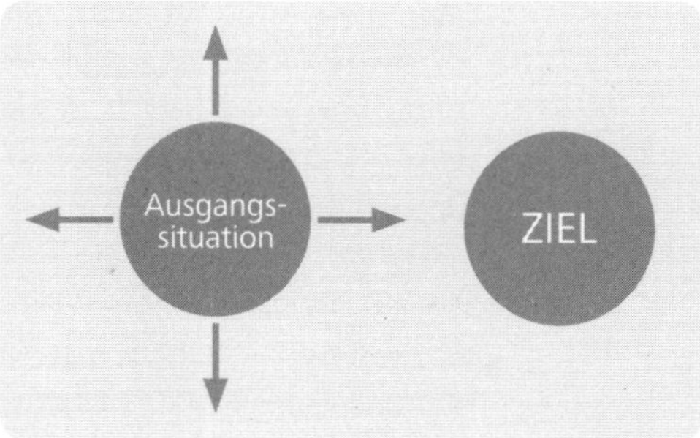

Fluchtmotivation

Also halten wir fest: Die Fluchtmotivation kann sehr sinnvoll sein, vor allem, wenn es darum geht, überhaupt erst einmal etwas in Bewegung zu setzen – aber sie bringt auch Probleme mit sich.

Angenehme Erfahrungen suchen

Der zweite Motivationstyp ist die Zielmotivation: Ein Ziel verspricht die Verwirklichung persönlicher Werte und wirkt wie ein Magnet. Ist der »Magnet« stark genug, zieht er einen unaufhaltsam an. Ist er nicht ganz so stark, erleichtert er immerhin die Bewegung und gibt Orientierung.

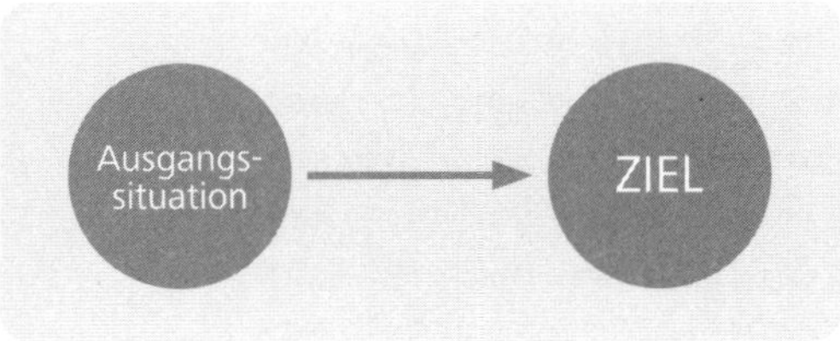

Die Zielmotivation setzt einen gewissen Grad an Bewusstsein und Voraussicht voraus – man muss ja eine Vorstellung von den Vorzügen eines Ziels haben, um es als Ziel anzusehen. Auf psychologischer Ebene ist eine Zielmotivation in der Regel weitaus erfolgreicher als eine Fluchtmotivation.

Zielmotivation

Erstaunlicherweise ist das vielen Menschen gar nicht bewusst – was zu großen Tragödien führt: geprügelte Kinder, kranke Arbeitnehmer, denen mit Kündigung gedroht wird, Bürgerkriege, die Diktatoren bekämpfen sollen … Interessant ist, dass dabei jemand (ein Kind, ein Angestellter, ein Diktator) zur Vernunft gebracht werden soll – mit ziemlich unvernünftigen Mitteln. In all diesen Beispielen motiviert die Strafe. Aber die Fluchtmotivation ist eben ungerichtet und daher ziellos. Das Kind wird aggressiv oder zieht sich zurück, der Arbeitnehmer bekommt eine Angststörung und wird weniger leistungsfähig, der Diktator beginnt, die Bevölkerung niederzumetzeln. Ein Ziel zu setzen, ist auf Dauer gesehen sinnvoller und effektiver, als von etwas abzuschrecken.

Ist die Zielmotivation denn immer effektiver als die Fluchtmotivation? Nein, denn die Fluchtmotivation ist ein grundlegender biologischer und häufig sehr kraftvoller Mechanismus – außerdem benötigt er weniger bewusste Tätigkeit und läuft daher weitaus schneller ab: Fassen Sie einmal eine heiße Herdplatte an, und Sie verstehen, was gemeint ist …

Ein Nachteil der Zielmotivation ist ihr gewisser Mangel an Flexibilität – ein Hindernis zwischen Ausgangssituation und Ziel führt häufig zum Zusammenbruch der Motivation; man »verliert das Ziel aus den Augen«.

Beide Formen von Motivation haben ihre Berechtigung; sie ergänzen sich gegenseitig. Deshalb ist es am sinnvollsten, wenn beide Motivationen gleichzeitig wirksam sind.

Schlechte Erfahrungen nutzen, um gute zu finden

Das heißt: Nutzen Sie die Energie, die Ihnen eine Fluchtmotivation gibt, immer zunächst dafür, ein Ziel zu suchen! Bevor Sie sich von etwas weg-bewegen, sollten Sie sich unbedingt klar machen, wohin Sie sich bewegen wollen!

Nehmen wir an, Sie wollen das Rauchen aufgeben – Sie wollen weg von Teer und Nikotin und Lungenkrebs. Das ist sicher eine gute Fluchtmotivation, doch solange Ihnen nicht klar ist, wohin Sie wollen (Nichtrauchen ist noch kein Ziel!), wird es Ihnen sehr schwerfallen, das Rauchen dauerhaft aufzugeben!

Es ist also notwendig, eine Fluchtmotivation mit einer Zielmotivation zu verknüpfen, wenn Sie wirklich effektiv und erfolgreich sein wollen.

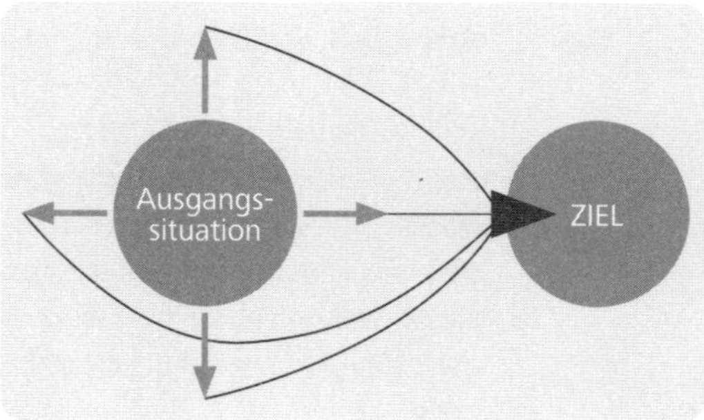

»Gummiband«-Motivation

Eine solche Motivations-Verknüpfung können Sie für jede konkrete Situation vornehmen. Aber Sie können auch eine dauerhafte Verknüpfung herstellen – eine solche Motivation könnten wir »Gummiband-Motivation« nennen.

Am Ziel ist ein mentales »Gummiband« befestigt, dass Sie zu Ihrem Ziel hinzieht. Jede unangenehme Situation und jedes Hindernis ist der Auslöser für eine Fluchtmotivation – aber nicht für eine ungerichtete! Das »Gummiband« gibt sofort Orientierung und ziel-

orientierte Energie – aber Sie bleiben flexibel! Das »Gummiband« in der Analogie entspricht der Redewendung »sein Ziel im Hinterkopf behalten«. In dem Beispiel »Rauchen« könnte das »Gummiband« am Ziel »Fitness« befestigt werden. Wenn Sie ans Rauchen denken, gibt Ihnen die intensive Vorstellung von Lungenkrebs einen ersten Impuls zur Flucht weg vom Rauchen – das »Gummiband« zieht Sie dann aber in eine ganz konkrete Richtung, nämlich zur »Fitness«. So wird der Gedanke ans Rauchen immer mehr zu einem Impuls dafür, eine Fitness- oder Atemübung zu machen.
Das beste »Ziel«, woran Sie Ihr mentales Gummiband befestigen können, ist eines, das Ihnen die Richtung für all Ihre unterschiedlichen Ziele weist: Ein **Lebensleitziel** – eine Mission! Darauf werden wir im Kapitel »Wachstum« (ab Seite 135ff.) zu sprechen kommen.
Doch nun wollen wir uns erst einmal ansehen, wie Sie Ihre Motivation steigern können.

Die Motivation steigern

Eine wichtige NLP-Grundannahme lautet: »Jede Erfahrung hat eine Struktur«. Das gilt auch für die Motivation!
Wenn Sie die Struktur Ihrer Motivation kennen, können Sie feststellen, was einem Ziel oder einer Tätigkeit, die Sie nicht motiviert, fehlt. Und dann können Sie das Fehlende möglicherweise hinzufügen!
Wir wollen Ihnen zunächst eine Übung vorstellen, mit der Sie herausfinden können, welche Eigenschaften eine Tätigkeit, eine Situation oder ein Ziel haben muss, um Sie zu motivieren. Diese Eigenschaften sind »Motivatoren«.

Motivatoren finden

1. Suchen Sie sich ein stark motivierendes **Referenzerlebnis**.
2. Sehen Sie sich die Struktur dieser Erfahrung assoziiert an.
3. Kehren Sie ins Hier und Jetzt zurück (Separator).
4. Suchen Sie sich ein neutrales **Referenzerlebnis**.
5. Sehen Sie sich die Struktur der Erfahrung assoziiert an.
6. Kehren Sie ins Hier und Jetzt zurück (Separator).
7. Vergleichen Sie die Struktur der beiden Referenzerfahrungen.
8. Testen Sie Ihre Motivatoren.

1. Suchen Sie sich ein stark motivierendes **Referenzerlebnis**.

Irgendwann in Ihrem Leben haben Sie sicherlich schon einmal etwas getan, das anstrengend oder unangenehm war, und Sie haben es trotzdem gerne getan, weil Sie sehr dazu motiviert waren, es zu tun. Vielleicht haben Sie einmal eine große Party veranstaltet, für einen sportlichen Wettkampf trainiert oder eine längere Wanderung unternommen. Der Gedanke an das Ziel war eine starke Motivation für Sie. Rufen Sie sich diesen motivierenden Gedanken in Erinnerung – diese Erinnerung ist ein **Referenzerlebnis** für Sie: So fühlt sich Motivation für Sie an.

Ein **Referenzerlebnis** ist eine Erfahrung, die Sie einmal gemacht haben – und die Ihnen zeigt, dass Sie die Möglichkeit zu einem bestimmten Gefühl oder einer Fähigkeit in sich tragen.

2. Sehen Sie sich die Struktur dieser Erfahrung an.

Führen Sie sich Ihre Erinnerung als Film vor Ihrem inneren Auge vor. Achten Sie genau auf die verschiedenen **Submodalitäten** (vgl. Seite 27): Welche Farben dominieren, wie hell ist das Bild, ist es statisch oder bewegt, welche Töne, Geräusche oder Stimmen sind damit verbunden usw. Dabei ist wichtig, dass Sie das positive

Gefühl der Motivation spüren. Sehen Sie sich den »Film« nicht von außen an, als wären Sie nur ein Zuschauer – erleben Sie ihn so, als würden Sie das Ereignis wieder erleben, von »innen«, also assoziiert. Wenn das positive Gefühl verloren geht, zeigt Ihnen das, dass Sie »ausgestiegen« sind und nur noch eine nachkonstruierte (dissoziierte) Erfahrung ansehen! Versuchen Sie dann, sich das Gefühl der Motivation wieder in Erinnerung zu bringen und sehen Sie, was sich dadurch in Ihrem inneren Film verändert.

3. Kehren Sie ins Hier und Jetzt zurück.

Öffnen Sie die Augen, sehen Sie sich um, atmen Sie ein paarmal tief durch. Dieses Unterbrechen einer Visualisierung oder Erinnerung wird bei den meisten NLP-Techniken eingesetzt, um von einem intensiven Gefühlszustand in einen neutralen zu gelangen.

NLP

Im NLP heißt der neutrale Gefühlszustand »Unterbrecherzustand« oder englisch **»Separator State«**, kurz **Separator**.

4. Suchen Sie sich ein neutrales Referenzerlebnis.

Denken Sie jetzt an eine Tätigkeit, eine Situation oder ein Ziel, das keine besonders positiven Gefühle bei Ihnen auslöst.

5. Sehen Sie sich die Struktur der Erfahrung an.

Führen Sie sich wieder einen inneren Film vor und achten Sie dabei genau auf die dazugehörigen **Submodalitäten**.

6. Kehren Sie ins Hier und Jetzt zurück.

Rufen Sie einen Separator auf, indem Sie die Augen öffnen und/oder in die Hände klatschen.

7. Vergleichen Sie die Struktur der beiden Referenzerfahrungen.
Dies ist der entscheidende Schritt: Durch den Vergleich der Submodalitäten machen Sie Ihre Motivatoren ausfindig. Welche der Referenzen war heller, welche war farbiger, wie unterschieden sie sich in den vorherrschenden Farben, welche war bewegter, welche war größer, wie unterschieden sich Klänge, Worte, Bewegungen, Temperatur, Gerüche? Merken Sie sich diese Unterschiede – wenn Sie wollen, können Sie sie aufschreiben.

8. Testen Sie Ihre Motivatoren.
Rufen Sie noch einmal das motivierende Referenzerlebnis auf. Versuchen Sie nun, jeweils einen der Motivatoren zu verändern. Wenn das Motivationsgefühl daraufhin zusammenbricht, ist der betreffende Motivator als solcher bestätigt. Ändert es nichts, handelt es sich nicht um einen echten Motivator.

Mithilfe Ihrer Motivatoren können Sie nun die Motivation für Ihre Ziele verbessern! Da Sie die Elemente Ihrer Motivation jetzt genau kennen, können Sie jedes innere Bild von einem Ziel mit diesen Elementen anreichern. Und da Sie in der vorangegangenen Übung festgestellt haben, dass es genau die Qualitäten sind, die die Struktur Ihrer Motivation sind, wird jedes Bild, das diese Struktur hat, auf Sie motivierend wirken. Mit dieser fantastischen Möglichkeit können Sie sich prinzipiell jede Tätigkeit erleichtern!
Übrigens können Sie diese Methode auch einsetzen, um eine Fluchtmotivation zu verstärken – einfach, indem Sie die Motivatoren eines inneren Bilds abziehen, also die motivierenden **Submodalitäten** verändern: Das könnte beispielsweise sinnvoll sein, um sich einen Verlust zu erleichtern oder eine schlechte Gewohnheit abzulegen.

Die Zielmotivation mit Submodalitäten verstärken

Einige Motivatoren sind anscheinend bei fast allen Menschen gleich: So sind motivierende innere Bilder in der Regel heller und farbiger als nicht motivierende. In der folgenden Übung wollen wir einmal mit Ihnen durchgehen, wie Sie es anstellen können, Ihre Motivation für ein Ziel zu erhöhen.

Mit Submodalitäten die Motivation für ein Ziel verstärken

- Suchen Sie sich ein Ziel. Das Ziel, das Sie für diese Übung wählen, sollte zeitlich naheliegend sein (damit Sie es heute oder morgen erreichen können). Für die Übung ist es auch sinnvoll, dass Sie bereits ein wenig für dieses Ziel motiviert sind – aber so, dass Ihre Energie noch nicht ganz ausreicht, um es mit Elan und Freude anzupacken. Diese »Bedingungen« sorgen dafür, dass Sie die Wirkung der Übung unmittelbar feststellen können.
- Machen Sie sich ein Bild von Ihrem Ziel und dem Weg dorthin. Wie in der vorigen Übung versuchen Sie, vor Ihrem inneren Auge einen Film ablaufen zu lassen, der Sie zeigt, wie Sie auf Ihr Ziel zugehen und es erreichen.
- Verändern Sie zentrale **Submodalitäten**. Einige Submodalitäten wirken fast immer motivationsverstärkend. Versuchen Sie, Ihren inneren Film etwas aufzuhellen und mehr Farbe in das Bild zu bringen. Vergrößern Sie das Bild, bis es Ihr Gesichtsfeld ausfüllt. Lassen Sie zu Ihrem inneren Film eine leise, harmonische Musik in einem mittleren Tempo erklingen. Verbinden Sie das Gefühl einer leichten Entspannung, einer freien Atmung und einer leichten körperlichen Bewegung mit dem Bild.

- Wiederholen Sie den inneren Film mehrfach. Lassen Sie den Film mehrmals ablaufen und fügen Sie Ihre persönlichen Motivatoren hinzu.
- Setzen Sie einen Separator State. Öffnen Sie Ihre Augen, blicken Sie um sich und atmen Sie tief durch. Wenn Sie wollen, klatschen Sie in die Hände.
- Testen Sie Ihre Motivation für das gewählte Ziel. Denken Sie an Ihr Ziel. Spüren Sie, dass Sie das Ziel jetzt stärker anzieht und aktiviert, sodass Sie den Drang zu handeln verspüren? Wenn das nicht der Fall ist, sollten Sie noch einmal zu den **Submodalitäten** zurückkehren und die Motivation weiter verstärken. Wenn Sie jetzt jedoch tatsächlich gern handeln würden – tun Sie's! Jetzt!

Mit dieser Art von Motivationsverstärkung können Sie bereits viel erreichen. Im Verlauf des Buchs werden Sie noch weitere Möglichkeiten kennenlernen.

Belohnungen verstärken die Motivation!

Eine gute Motivation bringt Sie in Gang, aber mitunter kommt es vor, dass die Motivation allmählich nachlässt. Das Ziel ist noch nicht erreicht und noch ein ganzes Stück weit entfernt. Der Tatendrang schläft ein. Psychologen nennen das »Frustration« – das Nicht-Erreichen eines gesetzten Ziels ist eine Enttäuschung. Wird man nun fortwährend enttäuscht, wird der Gedanke an das Ziel allmählich mit einem negativen Gefühl (der Enttäuschung) verbunden – das Ziel erscheint weniger attraktiv, die Motivation sinkt auf den Nullpunkt.

In dem Abschnitt über die **Grundsätze des NLP** (Seite 32f.) haben wir ja schon etwas dazu gesagt: Es ist wichtig für Sie, zu lernen, dass es kein Scheitern gibt, sondern nur Feedback. Das ist natürlich zu allgemein gesagt, um unmittelbar hilfreich zu sein. Praktisch angewandt kann das so aussehen: Sie erleichtern sich das Erreichen Ihres Ziels, indem Sie mögliche Frustrationen so klein halten, dass sie zwar als Wegweiser dienen, aber nicht demotivierend wirken!

Mit einem kleinen, beinahe selbstverständlichen »Trick« geht das ganz einfach: Teilen Sie Ihr Ziel in Teilziele auf! Im NLP heißt das Chunking – ein weiterer, eigentlich unnötiger Fachbegriff. Aber das Prinzip ist wirksam. Denn damit ein Ziel motivierend auf Sie wirkt, brauchen Sie Belohnungen. Nur bei ganz extrem motivierenden Zielen bleibt die Motivation auch nach Frustrationen so hoch, dass es Ihnen immer noch so lohnend erscheint, dass Sie Ihrem Weg weiterhin folgen. Natürlich können Sie Ihre Motivation immer wieder verstärken, indem Sie Ihre Tätigkeiten mit Ihren Motivatoren anreichern. Doch bei ständiger Frustration wird auch das auf die Dauer sehr unbefriedigend sein.

Wenn Sie dagegen ein Ziel in kleinere Teilziele aufteilen, haben Sie immer dann ein kleines Erfolgserlebnis, wenn Sie ein Teilziel erreichen. Mit der »Strategie der kleinen Schritte« erfahren Sie nach jedem kleinen Schritt eine Belohnung in Form von Befriedigung.

Wir sind beispielsweise für unser Ziel, dieses NLP-Buch zu schreiben, sehr motiviert: Es verwirklicht viele unserer Werte sehr stark, ist klar definiert und hat einen festgelegten Zeitrahmen. Doch über 200 Seiten sind eben doch eine ganze Menge! Am Anfang lag und auch jetzt noch liegt unser Ziel in einiger Ferne. Deshalb haben wir **Chunks** gebildet, uns also Teilziele gesetzt. Diese Teilziele sind in kurzer Zeit, nämlich an einem Tag, zu erreichen – jedes Teilziel besteht darin, mindestens vier Seiten pro Tag zu schreiben. Natürlich treten immer wieder kleine Frustrationen auf – aber das motivierende Ziel kann solche kleinen Frustrationen leicht überwinden. Wir bekommen jeden Tag eine Belohnung: das befrie-

digende Gefühl, wieder vier Seiten geschrieben zu haben und unserem Ziel einen messbaren Schritt näher gekommen zu sein. Dadurch gerät nicht nur unsere Motivation nicht ins Sinken, sondern wird sogar immer stärker!
Chunking können Sie bei jedem Ziel, das Sie sich setzen, anwenden. Die Teilziele müssen dabei – anders als in unserem Beispiel – nicht immer gleich sein. Sie müssen nicht einmal von Anfang an alle Teilziele kennen! Wichtig ist nur, dass Sie jedes Teilziel Ihrem Ziel ein Stückchen näherbringt. Mit vielen kleinen, einfachen Schritten können Sie auch die größte und schwierigste Strecke überwinden.

Die Sprache des Erfolgs

Wenn wir bewusst denken, denken wir in der Regel in Worten. Das ist auch wichtig – denn ohne Sprache sind Gedanken über Sinn, Glück, Erfolg oder Liebe fast unmöglich. Natürlich ist das Wort »Freude« nicht das Gefühl, aber es ist mit dem Gefühl »Freude« verbunden. Im NLP würden wir sagen: Das Wort »Freude« ist ein Anker für das Gefühl »Freude«. Solche sprachlichen Anker sind nicht überwältigend stark, aber sie zeigen durchaus ihre Wirkung.

EXP

Das können Sie leicht an sich selbst feststellen. Sagen Sie laut: »Ich bin traurig«, und versuchen Sie, gleichzeitig ein glückliches Gefühl in sich hervorzurufen. Probieren Sie dann dasselbe mit dem Satz: »Ich bin glücklich«. Sie werden sehen, dass es gar nicht so leicht ist, ein der Sprache entgegengesetztes Gefühl aufkommen zu lassen. Daran können Sie erkennen, wie wichtig es ist, wie wir die Sprache gebrauchen und welche Wörter wir verwenden.

Alles, wirklich alles, was Ihnen begegnet, kann positiv und zielorientiert formuliert werden. Ein Glas kann halbvoll oder halbleer

sein. Sie können ein Problem an Ihrem Arbeitsplatz als Belastung oder Herausforderung betrachten. Sie können Ihr tägliches Fitnesstraining als Qual oder Spaß ansehen. Es geht nicht etwa um Wortspiele: Worte lösen Assoziationen aus – positive, die auf ein Ziel hin orientieren und eine Zielmotivation verstärken, und negative, die eine Fluchtmotivation verstärken.
Natürlich ist für Ziele eine Zielmotivation immer wichtig. Eine Möglichkeit, die Orientierung auf positive Ziele zu erleichtern, ist die Veränderung der Sprache, der wichtigsten Form des bewussten Denkens.

Den Wortschatz erweitern

Beginnen Sie noch heute damit, Ihren Wortschatz zu erweitern. Negative Formulierungen können Sie meist durch positive ersetzen. Und positive Formulierungen können Sie gegen noch stärker motivierende Worte austauschen.
In den folgenden beiden Listen sehen Sie ein paar Beispiele. Versuchen Sie, positive Varianten für Ihre persönlichen negativen Formulierungen zu finden.

Negativformeln >	**Positivformeln**
zurückgewiesen	missverstanden
überfordert	sehr beschäftigt
dumm	noch viel zu lernen
deprimiert	noch nicht völlig glücklich
besorgt	interessiert
...	...

Positivformeln >	**Powerformeln**
interessiert	begeistert
angenehm	umwerfend
ganz gut	bestens
aktiv	energiegeladen
motiviert	beflügelt
…	…

Indem Sie positive Worte verwenden, wird es Ihnen leichter fallen, gute Gefühle wachzurufen – das motiviert Sie und bringt Sie Ihren Zielen näher.

Die Fallstricke des Positiven Denkens

Die Methode, alles positiv zu sehen, ist als »Positives Denken« bekannt. Wenn Sie all Ihre negativen Worte durch positive Worte ersetzen, werden Sie sich tatsächlich zunächst motivierter und wohler fühlen.

Wenn Sie das durchziehen und schließlich alle negativen Worte aus Ihrem Denken verbannen, wird das Positive Denken zu einer Besessenheit, zu einer reinen Denkübung, von der am Ende nur noch ein leeres Gerüst bleibt. Wenn alles positiv ist, ist nichts positiv. Der Geist braucht Gegensätze, um zu leben. Eine herrlich gemalte rote Rose auf rotem Hintergrund ergibt eben doch nur eine einheitliche rote Fläche.

Wir können Ihnen wirklich empfehlen, immer das Gute in allen Dingen und vor allem in allen Menschen zu sehen – aber Sie sollten dabei das weniger Gute, die Tiefen, die Schlaglöcher, die Durststrecken nicht völlig aus den Augen verlieren. Ständig positiv zu denken, macht krank. Fanatisch positive Denker sind wie Kokainabhängige: Alles muss immer großartiger, immer fantastischer, immer lustiger, immer begeisternder sein. Bis schließlich die Spannung zwischen der vorgestellten und der wahrgenommenen Welt zu groß wird und alles zusammenbricht.

Etwas Schwieriges wird zur Herausforderung. Gut. Das ergibt eine Richtung, eine Motivation. Doch wenn nichts »schwierig« genannt wird, wenn das Wort »schwierig« aus dem Wortschatz gestrichen ist, dann nimmt eben ein anderer Begriff dessen Platz ein. Denn es ist ja nicht etwa so, dass nun nichts mehr schwierig wäre. Die Herausforderung bekommt die Bedeutung »Schwierigkeit«. Also muss es noch positiver werden: »eine begeisternde Herausforderung«. Bis auch diese Phrase völlig inhaltsleer geworden ist und eigentlich das ausdrückt, was man früher schlicht »Problem« nannte.

Es geht deshalb darum, dass Sie versuchen, Ihren Wortschatz zu erweitern. Erweitern Sie Ihre Möglichkeiten, die Dinge zu betrachten. Diese Erweiterung wird immer in Richtung des Positiven gehen. Sie und Ihre Motivation werden nicht darunter leiden, dass Sie zu viel Schönes und Begeisterndes in der Welt sehen – es sei denn, Sie sind ein professioneller »Positiver Denker«…

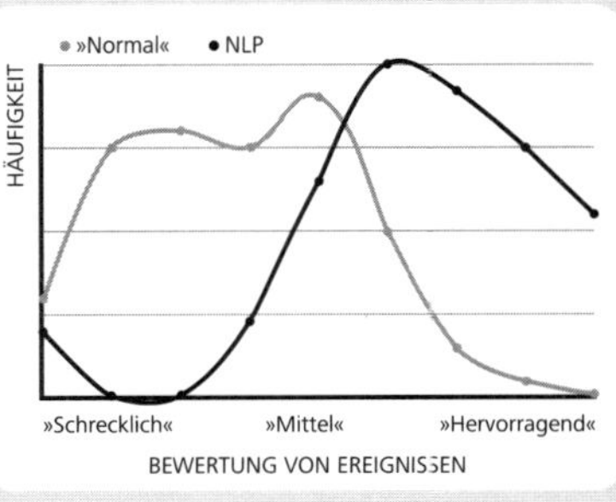

»Erweitern« heißt, Sie vergrößern die Bandbreite Ihrer Sprache. Es gibt weiterhin Schlechtes, Unangenehmes und Abstoßendes. Doch negative Begriffe sind jetzt für das wirklich Schlimme reserviert.

»Den Wortschatz erweitern«

DEF

Selbstvertrauen gewinnen

Erfolg, wie auch immer man ihn für sich definiert, braucht Selbstvertrauen.

Wünschen Sie sich auch manchmal, etwas mehr Selbstvertrauen zu haben und selbstsicherer zu handeln? Zumindest geht es sehr vielen Menschen so.

Wenn wir mehr Selbstvertrauen gewinnen wollen, ist es eine gute Idee, zu überlegen, was für Menschen mit Selbstvertrauen charakteristisch ist:

- Sie erleben wenig innere Konflikte.
- Sie können sich schnell und klar entscheiden.
- Sie lassen sich durch Kritik nicht leicht aus dem Gleichgewicht bringen.

Das ist natürlich alles wünschenswert. Aber reicht das? Wenn Sie sich die drei Punkte genau ansehen, werden Sie leicht erkennen, dass diese Kriterien auch auf besonders beschränkte Menschen zutreffen. Auch der typische »Rechthaber« erfüllt diese Kriterien. Echtes Selbstvertrauen ist mehr.

Auch ein Kohlkopf hat wenig innere Konflikte. Auch ein völlig kritikloser Mensch zweifelt nicht an sich und seinen Vorstellungen und kann sich schnell entscheiden. Auch Fanatiker, die nicht zum Lernen bereit sind, wird man durch Kritik nicht aus dem Gleichgewicht bringen können.

Das kann es ja wohl nicht sein, was Sie wollen! Es muss also noch etwas hinzukommen, damit aus bloßer Selbstsicherheit (aber auch die fehlt vielen Menschen!) eine positive, wirklich erstrebenswerte **Ressource** – Selbstvertrauen – wird:

- Selbstachtung: Der Respekt vor der eigenen Person mit ihren Stärken, Schwächen und Möglichkeiten.

- Selbstwertgefühl: Das Gefühl, eine Bedeutung zu haben, wertvoll zu sein.

Wenn Selbstachtung und Selbstwertgefühl vorhanden sind, werden sich auch Selbstsicherheit und Selbstvertrauen verwirklichen lassen. Fehlen Selbstachtung und Selbstwertgefühl, wird Selbstvertrauen unmöglich sein. Die nach außen oder innen präsentierte Selbstsicherheit ist dann entweder sehr gering oder scheint aufgesetzt, unecht, arrogant und unsympathisch.
Selbstvertrauen ist wichtig. Wer sich selbst vertrauen kann, ruht in sich, ist zufriedener mit seinem Leben und glücklicher. Und ganz bestimmt fördert Selbstvertrauen den Erfolg – wie auch immer die persönlichen Ziele aussehen mögen und wie auch immer man Erfolg für sich selbst definiert. Wer kein Vertrauen zu sich selbst hat, kann sich seiner Entscheidungen und seines Weges nicht sicher sein. Er wird zögern und sich oft selbst »im Weg stehen«.
Die meisten Menschen, die über einen Mangel an Selbstvertrauen, Selbstachtung, Selbstwertgefühl und Selbstsicherheit klagen, sind davon überzeugt, dass sie sich realistisch betrachten. Das ist doch traurig! Und natürlich irren diese Menschen – sie haben ihr Bild von sich selbst auf ihrer mentalen Landkarte nur sehr klein eingezeichnet! Aber diese mentale Landkarte ist nicht die Realität. Lassen Sie uns zielorientiert vorgehen und untersuchen, welche Denkmuster und Verhaltensweisen zu einem »kleinen« Selbstbild führen.

1. Einschränkende Glaubenssätze **(Limiting Beliefs)**: »Ich bin ein Versager«, »Ich bin eigentlich unwichtig«, »Mir fehlt es an Durchsetzungskraft«, »Die meisten Menschen mögen mich nicht«, »Ich kann mich nicht verkaufen«. Das sind ein paar Beispiele für Sätze, die sich Menschen immer wieder selbst vorsagen und an die sie

glauben. Natürlich behindert sie dieser Glaube. Wer fest daran glaubt, ein Versager zu sein, wird sich kaum an anspruchsvolle Aufgaben heranwagen. Und selbstverständlich fördern solche Glaubenssätze nicht gerade die Selbstachtung und das Selbstwertgefühl. Im NLP gibt es einige Methoden, um an diesen **Limiting Beliefs** zu arbeiten.

Limiting Beliefs, einschränkende Glaubenssätze: Vorstellungen, die es erschweren, sich auf produktive Art und Weise zu verhalten. Diese Vorstellungen können sich auf die eigene Person, das Funktionieren der Welt oder andere Menschen beziehen. Sie sind meist unbewusst und werden nicht hinterfragt.

2. Unbewältigte innere Konflikte. Mitunter sind Krisen aus früheren Lebensabschnitten nicht wirklich überwunden und schwelen daher unterhalb des Bewusstseins weiter. Das Bewusstsein erkennt diese Konflikte nicht direkt; es erfährt sie in unbestimmten Gefühlen wie Scham, Schuld und Selbstzweifeln. Im Kapitel »Heilung« werden Sie erfahren, wie Sie unbewältigte innere Konflikte auflösen können.

3. Ineffektive Zusammenarbeit von verschiedenen Persönlichkeitsteilen. Es ist gar nicht so selten, dass Menschen nur deshalb wenig Selbstachtung und Selbstsicherheit haben, weil sie ihre bewusst nutzbaren **Ressourcen** nicht sinnvoll koordinieren. Das häufigste Beispiel ist die Aktivität des »inneren Kritikers« bei kreativen Aufgaben: Der »innere Kritiker« ist ein sehr wertvoller Bestandteil der Persönlichkeit, aber seine Aufgabe besteht eben im »Runtermachen«. Doch Sie haben es in der Hand, welche Ihrer Persönlichkeitsteile und welche **Ressourcen** Sie aktivieren. NLP hat Methoden entwickelt, die Ihnen zeigen, wie Sie mit gegensätz-

lichen Persönlichkeitsteilen am sinnvollsten umgehen. Im Kapitel »Wachstum« (ab Seite 133) werden Sie mehr darüber erfahren.

4. Mangel an positiven Erfahrungen. Menschen, die über wenig Selbstachtung, Selbstwertgefühl und Selbstsicherheit verfügen, fehlt es mitunter einfach an Erfahrung und Übung in der Kunst, sich selbst als wertvoll zu betrachten. NLP hilft Ihnen dabei, positive Erfahrungen zu sammeln, einen neuen Blickwinkel zu gewinnen und ein positives Selbstbild aufzubauen.

EXP

Überlegen Sie einmal, wie Sie sich selbst sehen. Sie müssen jetzt keine Rolle spielen und niemandem etwas beweisen. Machen Sie sich ein inneres Bild davon, wie Sie sich sehen und vergleichen Sie es mit dem Bild von Menschen, die Sie bewundern. Sehen Sie ein wenig kritischer hin, wenn Sie übergroß erscheinen – und lassen Sie sich nicht niederdrücken, wenn Sie sich klein vorkommen: Das wird sich ändern.

Der kleine Mann im Ohr

Wir haben nicht zufällig die einschränkenden Glaubenssätze, im NLP-Jargon **Limiting Beliefs**, in der obigen Aufzählung an erster Stelle genannt. Denn tatsächlich sind diese fatalen Glaubenssätze bei fast allen Menschen anzutreffen. Und immer sind sie auch eine Quelle der Unsicherheit und Unzufriedenheit.

Sie werden überrascht sein, wie einfach sich solche einschränkenden Glaubenssätze auflösen lassen!

Die nun folgende, ziemlich unterhaltsame NLP-Technik, die einschränkende Glaubenssätze zumindest kurzfristig auflösen kann, heißt **Auditive Belief Change**, also etwa »Glaubensveränderung über das Gehör«. Dabei wird durch eine gezielte Veränderung der auditiven **Submodalitäten** die Verbindung zwischen dem Glaubenssatz und der negativen Einstellung gelöscht.

Auditive Belief Change (ABC)
Anwendung: Löschen einschränkender Glaubenssätze **(Limiting Beliefs)**
1. Einschränkenden Glaubenssatz formulieren und prüfen: Welche Gefühle löst das laute Sprechen des einschränkenden Glaubenssatzes aus?
2. Einen starken **Ressourcezustand** ankern.
3.Sprechweise des **Limiting Belief** verändern und **Ressource-Anker** abrufen.
4. Prüfen: Welche Gefühle löst das (normale) Sprechen des **Limiting Belief** nun aus?

TEC

Probieren Sie es am besten sofort aus. Sie kennen keinen **Limiting Belief**? Dann machen Sie die Übung doch einfach mit dem Glaubenssatz: »Ich kenne keine einschränkenden Glaubenssätze«.

Zuvor aber möchten wir Ihnen nochmals eine wichtige allgemeine Tatsache zum Thema »Veränderungen durch NLP« ins Gedächtnis rufen: NLP-Techniken können manchmal sehr umfassende und intensive Auswirkungen haben. Daher ist es wichtig, dass Sie sich vor einer Veränderungsarbeit klarmachen, was genau Sie erreichen wollen. Dazu dient das **Wellformed Outcome-Modell** (Seite 82f.). Hierbei ist insbesondere der **Eco-Check** wichtig.
Fragen Sie sich also vor jeder Veränderungsarbeit mit NLP: »Wann will ich diese Veränderung? Immer? In welchen Situationen will ich das alte Verhalten, Denken, Fühlen beibehalten?«
Ein Beispiel: Jemand erkennt, dass er sich durch seinen Glaubenssatz: »Man kann niemandem trauen!« in vielerlei Hinsicht,

vor allem in seinen sozialen Beziehungen, einschränkt und oft unangemessene Gefühle und Reaktionen zeigt. Offensichtlich ist es sehr sinnvoll, an diesem Glaubenssatz zu arbeiten – doch es ist wichtig, sich dabei im Klaren zu sein, dass Misstrauen in gewissen Situation möglicherweise auch eine wichtige Schutzfunktion hat! Wenn Ihnen in einer dunklen Gasse jemand mit einem Messer in der einen und einer Schnapsflasche in der anderen Hand entgegentorkelt, ist Misstrauen durchaus angebracht.
Der **Auditive Belief Change** ist in dieser Hinsicht völlig unbedenklich. Sie werden mit dieser Technik Ihren **Limiting Belief** nicht in sein Gegenteil verwandeln, sondern lediglich die Verallgemeinerung einer Überzeugung aufheben.

Aber jetzt geht's wirklich los:
1. Nehmen Sie sich einen Ihrer persönlichen **Limiting Beliefs** vor und prüfen Sie, wie sich dieser Satz auf Ihre Gefühle auswirkt.
Wenn Sie einen solchen Satz identifiziert haben, geben Sie ihm eine charakteristische Formulierung. Meist wird das die Formulierung sein, die Sie sich selbst immer wieder sagen hören. Möglicherweise handelt es sich auch um einen Satz, den Sie immer wieder von Eltern, Lehrern oder Ihrem Partner gehört haben. Suchen Sie nach derjenigen Formulierung, die die deutlichsten negativen Gefühle in Ihnen auslöst. Beobachten Sie Ihre Gefühlsreaktionen: Welche Gefühlszustände löst das Sprechen des Satzes aus?

2. Machen Sie einen starken Ressource-Zustand ausfindig und ankern Sie ihn.
Am besten verwenden Sie dazu Ihren PKA (**Persönlichen Kraftanker**, Seite 66). Falls Ihnen der jetzt nicht mehr gegenwärtig ist: Suchen Sie nach einer Situation in Ihrem Leben, in der Sie sich wirklich gut gefühlt haben. Stellen Sie sich diese Situation

so intensiv vor, wie Sie können. Achten Sie darauf, dass Sie die Situation assoziiert erleben. Sie selbst stehen im Zentrum der Situation und sind nicht nur Beobachter. Wenn Sie spüren, dass die positiven Gefühle in Ihnen aufsteigen, **ankern** Sie diesen **Ressourcezustand**. Am besten ist es, wenn Sie gleichzeitig auditiv und kinästhetisch ankern, d. h. eine charakteristische Bewegung machen und einen passenden Laut von sich geben. Beispielsweise ballen Sie die Faust, strecken sie hoch und rufen »Ja!«. Wiederholen Sie diesen Vorgang ein paarmal, bis der Anker »sitzt«.

3. Verändern Sie die Sprechweise Ihres Einschränkenden Glaubenssatzes.

Dabei gehen Sie in fünf Schritten vor. Bei jedem Schritt sprechen Sie den Glaubenssatz in einem bestimmten Tempo und einer bestimmten Tonlage, wiederholen ihn fünfmal und rufen dann Ihren **Ressource-Anker** ab. Dann gehen Sie weiter zum nächsten Schritt.

- Normales Tempo/Tonlage – dann **Ressource-Anker** abrufen
- Schnelles Tempo/tiefere Tonlage – dann **Ressource-Anker** abrufen
- Langsames Tempo/höhere Tonlage – dann **Ressource-Anker** abrufen
- Sehr langsames Tempo/sehr tiefe Tonlage – **Ressource-Anker** abrufen
- Sehr schnelles Tempo/Mickymaus-Stimme – **Ressource-Anker** abrufen

4. Prüfen Sie die Veränderung.

Sprechen Sie den Satz nun noch einmal ganz normal aus, so wie Sie es zu Beginn der Übung gemacht haben. Welche Gefühle löst das (normale) Sprechen des **Limiting Belief** nun aus? Wahrscheinlich kommt Ihnen der Satz nun ziemlich unsinnig vor, und Sie können keine Beziehung zwischen dem Satz und sich selbst herstellen – der Satz ist jetzt für Sie kein Glaubenssatz mehr und hat seine Macht über Sie verloren.

Wie funktioniert dieses »ABC« (Auditive Belief Change)?
Bei dieser Übung verändern Sie die **Submodalitäten** eines negativen Gefühlszustands – beim ABC sind es offensichtlich auditive **Submodalitäten**. Dabei wird die festgeschmiedete Verbindung zwischen dem auditiven Auslöser (dem **Limiting Belief**) und einem negativen Gefühl, das wiederum mit dem Selbstbild in Zusammenhang steht, aufgelöst.
Das Entscheidende beim ABC ist, dass nur die automatisch ablaufende Verbindung aufgelöst wurde, keineswegs aber die Möglichkeit des Gedankengangs. Es wird nichts unterdrückt – es kommen Möglichkeiten hinzu!
Der ABC ist unseres Erachtens eine sehr wichtige Übung. Nicht nur, weil die Technik so einfach ist und ein Erfolg schnell erfahren werden kann, sondern vor allem deshalb, weil auditive **Anker** (die als einschränkende Glaubenssätze auftreten) so häufig vorkommen. Bereits in unserer Kindheit bauen Eltern und Lehrer auditive **Anker** auf. Im Lauf der Zeit werden die **Anker** so stark, dass der Versuch, einen Glaubenssatz rational und kritisch zu hinterfragen, sofort scheitert. Typische Beispiele sind Vorurteile, abergläubische Vorstellungen, rigide Moralvorschriften usw.

Um keine Missverständnisse aufkommen zu lassen: Selbstverständlich kann ein Vorurteil auch einmal gerechtfertigt sein, ein Aberglaube einen wahren Kern haben oder eine strenge Moral höheren Zielen dienen – der **Auditive Belief Change** unterdrückt nicht etwa das Nachdenken darüber, sondern ermöglicht es erst!

Erfolg modellieren

»Wenn Sie so erfolgreich sein wollen, wie ein wirklich erfolgreicher Mensch, müssen Sie nur tun, was er tut.« Wie hört sich das für Sie an? Leuchtet Ihnen das ein, oder halten Sie den Satz für völligen Quatsch?

Warum ist jemand erfolgreich? Weil er die Dinge so tut, wie er es eben tut! Als geübter Kritiker wird man vielleicht einwenden, dass das äußere Handeln nur ein kleiner Teil des Menschen ist und wir ja überhaupt nicht wissen, was in dem betreffenden erfolgreichen Menschen vor sich geht. Stimmt, völlig richtig. Nur: Das weiß niemand und kann niemand wissen – niemand kann allein aufgrund seines Innenlebens bewundert, geschätzt oder als erfolgreich angesehen werden.In gewisser Weise zählt das Innere in dieser Hinsicht überhaupt nicht! Machen Sie eine kleine Pause, atmen Sie tief durch und versuchen Sie, diese Gedanken nachzuvollziehen.

Denken Sie ein wenig darüber nach: Könnten Sie beispielsweise von jemandem, der immer sehr ängstlich handelt, annehmen, er sei das nur äußerlich, aber »eigentlich« sei er sehr mutig? Oder jemand, der immer grausam und lieblos handelt, sei »in Wirklichkeit« ein sehr liebevoller Mensch? Das klappt nicht! Sie müssten irgendeinen Anhaltspunkt dafür haben – und den können Sie nicht in seinem Inneren finden, weil Sie dort niemals hinkommen.

Sich ein Modell zum Vorbild zu nehmen und sein Handeln nachzuahmen, ist die Grundlage des Lernens: Kleine Kinder lernen dadurch, dass sie versuchen, ihre Eltern zu imitieren. Später suchen sie sich andere Modelle. Noch später folgen sie auch Modellen, die sie sich selbst schaffen: Auch das zukünftige ideale Ich kann zum Modell werden.

Erfolg zu modellieren, ist also eine ganz vernünftige Sache!

Nun wissen Sie eventuell gar nicht, was genau denn am Verhalten eines Menschen, den Sie als erfolgreich bewerten, den Erfolg ausmacht. Es gibt ja so viele Verhaltensweisen! Ist es seine Art und Weise zu sprechen, seine körperliche Haltung, seine Art sich zu kleiden …? Vielleicht ja, vielleicht nein. Raten hilft hier nicht weiter. Sie müssen es ausprobieren – und dabei im Auge behalten, dass Sie vorerst gar nicht wissen, was das Erfolgreiche an diesem Menschen ausmacht.

Modelling – Erfolgreiches Verhalten modellieren

TEC

Anwendung: Verhaltensstrategien erfolgreicher Vorbilder nachahmen.

1. Klären Sie Ihr Ziel (Wellformed Outcome) und suchen Sie sich ein Modell, das Ihr Ziel bereits verwirklicht hat.
2. Sammeln Sie Informationen. Lesen Sie die Biografie Ihres Modells (wenn es sich um eine berühmte Persönlichkeit handelt), beobachten Sie sein Verhalten, seine Sprechweise, seine Bewegungen, seine Kleidung.
3. Ahmen Sie Ihr Modell nach. Man könnte es zunächst sogar »nachäffen« nennen – sprechen Sie wie diese Person, bewegen Sie sich wie sie, geben Sie sich wie sie. Tun sie so, als wären Sie Ihr Modell. Sie können diese ersten Schritte zunächst natürlich auch nur in Ihrer Vorstellung tun.
4. Achten Sie auf Ihre Gefühle. Sie werden feststellen, dass sich mit dem äußerlich übernommenen Verhalten auch Ihre Gefühle verändern. Sie werden spüren, dass Sie sich nun schon eher auf Ihr Ziel zubewegen.
5. Filtern Sie die unwichtigen Bestandteile des Verhaltens. Lassen Sie nach und nach Teile des nachgeahmten Verhaltens weg und überprüfen Sie, ob diese Teile unwichtig für Ihre Ziele sind. Was schließlich übrig bleibt, ist der Teil des Verhaltens, der zum Erfolg beiträgt.

Das Modelling ist nicht so simpel, wie es auf den ersten Blick erscheint. Aber es ist eine sehr kraftvolle Technik – probieren Sie es doch einmal aus!

NLP hat einen großen Teil seiner Entstehung dem Modelling zu verdanken: Richard Bandler, einer der Begründer des NLP, begann seine Arbeit damit, den enorm erfolgreichen Therapeuten Milton Erickson zu modellieren und zwar ganz extrem: Er begann mit dessen Akzent zu sprechen und dicke Zigarren zu rauchen. Diese Teile des Verhalten legte er später natürlich wieder ab – und nur das erfolgreiche therapeutische Verhalten blieb übrig.

Kreativität modellieren – die Walt-Disney-Technik

Wie schmieden Sie eigentlich Ihre Pläne? Wenn Sie dabei vorgehen wie die meisten Menschen, sieht das etwa so aus:

1. Sie überlegen, wie das Ziel erreicht werden könnte.
2. Einige Möglichkeiten verwerfen Sie sofort, weil sie unrealistisch sind.
3. Andere Möglichkeiten sind zu kompliziert und müssen deshalb ebenfalls verworfen werden.
4. Allmählich kristallisiert sich ein Plan heraus – oder das Ziel wird aufgegeben, weil es unerreichbar scheint.

Ist an dieser Vorgehensweise irgendetwas verkehrt? Nun, es gibt da tatsächlich ein Problem: Es besteht darin, dass zu viele Wege schnell ausscheiden, weil sie unrealistisch, irrelevant oder problematisch erscheinen.

EXP

Sehen Sie sich einmal das unten stehende Labyrinth an.

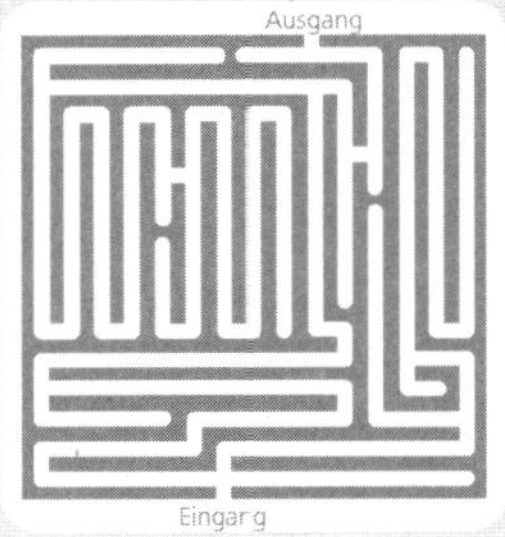

Das Labyrinth

Decken Sie die obere Hälfte des Labyrinths mit einer Hand ab und verschieben Sie Ihre Hand erst, wenn Sie sich dem oberen Teil nähern. Erkennen Sie, dass es zunächst unmöglich ist, zu sehen, ob ein Weg vielversprechend ist oder nicht? So ist es auch mit Wegen zu Ihren Zielen.

Bei einem Labyrinth auf einem Papier können Sie sich ja noch einen Überblick verschaffen – doch wenn Sie in einem richtigen Labyrinth stecken, brauchen Sie eine Strategie. Ein »vielversprechender Weg« sagt gar nichts darüber aus, ob er zum Erfolg führt. Sehen wir einmal, welche klar unterscheidbaren Fähigkeiten wir beim Planen einsetzen. Vor allem sind das:

Fantasie: Erst einmal müssen Sie Ideen haben, wie Sie vorgehen könnten. Die können auch völlig abwegig sein. Aber erst einmal müssen Sie Ideen produzieren.

Verwirklichung: Sie müssen dann überprüfen, wie Sie Ihre Ideen in die Realität umsetzen könnten. Dabei geht es nicht darum, die Ideen kritisch zu bewerten. Es geht nur um das »Wie«.

Fehlersuche: Sobald eine Idee gefunden ist und dazu eine Möglichkeit, diese Idee zu verwirklichen, kommt die kritische Überprüfung zum Zug. Ist es – für Sie – machbar? Was fehlt noch? Lohnt sich die Mühe?

Träumer, Realist und Kritiker

Wir können diese drei Teile personifizieren: Der erste Teil, der die Ideen entwickelt, ist der Träumer in uns. Der logische Teil, der überlegt, wie eine Idee realisiert werden könnte, ist der Realist.

Und der Fehlersucher in uns ist der Kritiker. Am Pläneschmieden sind alle drei beteiligt. Doch bei den meisten Menschen stehen sich die drei im Weg. Der Träumer in uns entwickelt eine Idee, sofort meldet sich der Realist zu Wort und ruft: »Halt! Mal sehen, wie man das machen könnte!« Und kaum hat der Realist den ersten Ansatz entwickelt, wie sich die Idee verwirklichen ließe, kommt der Kritiker daher und behauptet: »Quatsch. Das geht doch nicht!« Der Träumer ist inzwischen eingeschlafen oder beleidigt.

So gesehen ist es kein Wunder, dass realistische Pläne nicht immer besonders gute Pläne sind. Unrealistische Pläne natürlich auch nicht!

Es sieht so aus, als steckten wir fest: Planen wir kritisch und realistisch, reifen Pläne nur sehr langsam, und viele Wege bleiben unerforscht; wenn wir uns Pläne nur »erträumen«, besteht die Gefahr, dass wir unsere Energie in eine Käsemine auf dem Mond oder ähnlich sinnvolle Projekte investieren.

Der Weg aus diesem Dilemma ist eigentlich ganz einfach: Wir setzen unsere drei Fähigkeiten nicht gleichzeitig ein, sondern nacheinander! Tatsächlich ist genau das die Strategie, die viele sehr erfolgreiche und kreative Menschen bewusst oder unbewusst fahren.

Im NLP wird diese Strategie explizit angewendet. Die von Dilts und Epstein entwickelte NLP-Technik modelliert die Erfolgsstrategie eines extrem erfolgreichen und kreativen Menschen: Walt Disney.

Die Walt-Disney-Technik

Anwendung: Realistische Pläne zur Verwirklichung von Visionen entwerfen

TEC

1. Den »Träumer« aktivieren: Ideen entwickeln, ohne Umsetzungsmöglichkeiten zu bedenken oder zu kritisieren.

2. Den »Realisten« aktivieren: Überlegen, wie man die zuvor produzierten Ideen in Pläne umsetzen kann – und seien sie auch noch so fantastisch.
3. Den »Kritiker« aktivieren: Nach Schwachstellen, fehlenden Ressourcen und möglichen Schwierigkeiten bei der Umsetzung suchen und abwägen, ob Aufwand und Ergebnis in einem akzeptablen Verhältnis zueinander stehen.
4. Die Ergebnisse der Prüfung des Kritikers dem Träumer als neue Vorgaben setzen. Wiederholen, bis keine Kritik mehr laut wird.

Die drei Bewusstseinszustände identifizieren

Zunächst einmal sollten Sie die drei Bewusstseinszustände klar erkennen und voneinander unterscheiden können.

»Träumer«: Der Teil von Ihnen, der kreativ und fantasievoll ist, der nicht logisch sein muss, der viel in Bildern denkt, der kindlich-verspielt und sorglos ist. Der Teil, der Ihre Ideale und innersten Wünsche vertritt.

»Realist«: Der Teil von Ihnen, der ruhig und besonnen überlegt, wie die Dinge funktionieren, der über Wissen verfügt, der die sinnvolle Reihenfolge einer Handlung überwacht.

»Kritiker«: Der Teil von Ihnen, der scharfsinnig ist und Schwachpunkte an Menschen und Situationen erkennt, der sehr flexibel, mal sehr konservativ, dann wieder sehr unkonventionell ist – und auch gerne etwas spöttisch.

EXP

Machen Sie sich die Eigenschaften dieser drei »inneren Experten« bewusst. Denken Sie darüber nach, wann in Ihrem Leben Sie mehr Träumer, Realist oder Kritiker waren. Führen Sie sich deutlich vor Augen, dass keiner der drei »besser« ist als der andere; alle drei haben positive Qualitäten. Und da alle drei Teile Sie selbst sind, verfügen Sie selbst über diese positiven Qualitäten!

Die drei Bewusstseinszustände ankern

Mit der Methode des Ankerns (vgl. ab Seite 62) können Sie schneller von einem Bewusstseinszustand in den anderen wechseln – und die drei Zustände klarer voneinander unterscheiden. Damit aktivieren Sie jeweils ein bestimmtes Bündel Ihrer Fähigkeiten.

Es gibt eine ganz hervorragende Art von **Anker**, die ganz natürlich und beiläufig ist. Sie selbst haben die Wirkung dieser Art von **Anker** schon oft (wenn auch nicht bewusst) erlebt: Es ist der sogenannte Raum-Anker.

Nicht nur eine Bewegung oder Haltung kann ein **Anker** sein, sondern auch eine Räumlichkeit. Räume, in denen Sie immer wieder ähnliche Situationen erleben, werden zu einem **Anker** für diese Situationen. Wenn Sie in eine Turnhalle gehen, werden Sie sich automatisch anders verhalten als in einem Theater – selbst dann, wenn in der Turnhalle ein Theaterstück aufgeführt wird!

Diese Art von natürlichem **Anker** ist ideal für die Walt-Disney-Technik. Walt Disney hatte sich ganz bewusst ein Zimmer nur zum Träumen, eines für realistische Überlegungen und eines für kritische Betrachtungen eingerichtet. Vielleicht ist Ihnen das auch möglich; im Schlafzimmer oder in der Badewanne ankern Sie den Träumer, im Arbeitszimmer den Realisten und im Garten den Kritiker. Auch Teile von Räumen sind möglich: beispielsweise Couch (Träumer), Schreibtisch (Realist), Fernsehsessel (Kritiker).

Das **Ankern** geschieht im Fall eines Raum-Ankers ganz nebenbei – wenn Sie sich den betreffenden Raum für eine Tätigkeit reservieren: Wenn Sie also Ihr Arbeitszimmer als Raum-Anker für den »Realisten« einsetzen, sollten Sie dort nicht Träume entwickeln oder Ideen kritisieren. Je klarer Sie Ihre Tätigkeiten voneinander trennen, desto stärker werden die **Anker** im Lauf der Zeit; d. h. Sie werden feststellen, dass Ihnen die mit einem bestimmten Raum verankerte Tätigkeit dort immer leichter fällt.

PRA

Weil Raum-Anker bestimmte Gefühle ankern, ist es nicht gut, wenn Sie im Bett lesen oder vor dem Fernseher essen. Das führt nämlich dazu, dass Sie bestimmte Gewohnheiten an diesen Orten automatisch vollziehen. Das können Sie bewusst positiv nutzen, beispielsweise bei der **Walt-Disney-Technik**. Es kann sich aber auch negativ auswirken, beispielsweise wenn Sie schlecht einschlafen können, weil das Bett mit der Tätigkeit »Lesen« verbunden ist – oder Sie beim Lesen sofort einschlafen. Auch sehr häufig: Wenn Sie sich angewöhnt haben, beim Fernsehen zu essen, können Sie vielleicht ohne eine Packung Chips neben sich gar keinen Film mehr genießen – und andererseits werden Sie Ihr Essen gar nicht mehr genießen können, weil Sie es ganz unbewusst in sich hineinstopfen. Raum-Anker sollten Sie also möglichst bewusst einsetzen!

1. Der Träumer: Ideen, Ziele, Visionen entwickeln

Lassen Sie zunächst ausschließlich den »Träumer« in sich zu Wort kommen. Setzen Sie Ihrer Fantasie keinerlei Grenzen. Es geht nur um das Entwickeln von Zielen, Ideen, Visionen, Möglichkeiten – »realistisch« und »unrealistisch« sind hier völlig irrelevante Begriffe. Keine Idee ist zu abwegig, kein Ziel zu hoch gesteckt, keine Vision zu verrückt. Sammeln Sie Ihre Einfälle, ohne sie zu bewerten.

2. Der Realist: Träumer-Vorgaben in Pläne umsetzen

Betrachten Sie jetzt die Ideen, die Sie als »Träumer« entwickelt haben und überlegen Sie, wie die Idee, die Vision oder das Ziel verwirklicht werden könnte. Achten Sie unbedingt darauf, den Realisten und den Kritiker in sich nicht durcheinanderzubringen. Hier entwickeln Sie Pläne zum Umsetzen von Ideen – ganz egal, wie verrückt, schwierig oder fantastisch diese sein mögen. Stellen Sie sich vor, ein exzentrischer Auftraggeber hätte Ihnen diese Aufgabe gestellt und würde Sie dafür bezahlen. Sie entwickeln Pläne, die prinzipiell die Idee, die Vision oder das Ziel verwirklichen könnten.

3. Der Kritiker: Schwachstellen an den Plänen ausfindig machen

Jetzt lassen Sie den Kritiker in sich sprechen. Was an den entwickelten Plänen ist problematisch? Weshalb können Sie den Plan nicht einsetzen, um Ihr Ziel, Ihren Traum, Ihre Vision zu verwirklichen? Gehen Sie möglichen Problemen in Ihren Plänen auf den Grund.

4. Ergebnisse der Kritik als neue Vorgaben setzen

Der Kritiker hat die Schwierigkeiten in den Plänen aufgezeigt. Formulieren Sie die Schwierigkeiten als zu lösende Aufgaben und geben Sie sie an den Träumer zurück. Lassen Sie den Träumer Ideen entwickeln, wie Sie die Schwierigkeiten überwinden, vermeiden, umgehen werden könnten.

Das Wechselspiel zwischen Träumer, Realist und Kritiker führen Sie so lange durch, bis ein Plan auftaucht, an dem der Kritiker idealerweise gar nichts, zumindest aber nichts Substantielles, mehr aussetzen kann. Jede »Runde« der Walt-Disney-Technik bringt Sie einem realistischen, erfolgversprechenden und flexiblen Plan näher – einem Plan, der wirklich funktioniert!

Walt Disney und viele andere kreative und erfolgreiche Menschen haben diese Methoden angewandt. Was kann Sie davon abhalten, es ihnen gleichzutun?

Schema der Walt-Disney-Technik

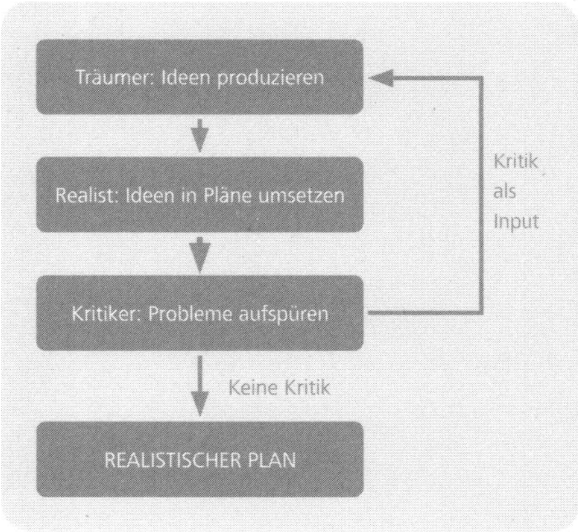

Rückschläge: Dem Bild einen anderen Rahmen geben

Manchmal läuft es einfach nicht so, wie man möchte. Alte Gewohnheiten sind stark. Und im Leben ist ja ohnehin kaum etwas vorhersehbar. Aber auch, wenn einmal etwas schiefgelaufen ist, kann man noch etwas tun.

Der Literaturnobelpreisträger André Gide sagte einmal: »Das Alter hat auch gesundheitliche Vorteile. Zum Beispiel verschüttet man ziemlich viel von dem Alkohol, den man gern trinken möchte.« Das ist nicht nur witzig, sondern illustriert sehr gut ein Prinzip, das im NLP oft angewandt wird: Reframing – frei übersetzt »dem Bild einen neuen Rahmen geben«.

NLP

Reframing: Etwas, das man als negativ bewertet oder empfindet, in einen neuen Kontext setzen, in dem es positiv, angenehm oder neutral erscheint. Die Umdeutung der Erfahrung oder Vorstellung erweitert Ihre mentale Welt-Karte.

Das bedeutet nicht, dass die negative Bewertung oder Sichtweise »falsch« wäre.

Jemand der innerhalb eines Hauses ist, sieht es anders als jemand, der davorsteht oder der darüber hinwegfliegt. Keine Sichtweise ist »falsch«. Doch es gibt eine, die in einer gegebenen Situation am hilfreichsten ist. Das kann von Situation zu Situation wechseln. Eine einzige Sichtweise kann nie die immer hilfreichste sein! So ist es nicht nur bei Objekten, sondern ebenso bei Einstellungen, Vorstellungen und Bewertungen.

Reframing bedeutet also, etwas einen neuen Rahmen zu geben. Beispielsweise dann, wenn etwas nicht so gut gelaufen ist. Es funktioniert aber auch als Vorbereitung auf möglicherweise schwierige Situationen. Wir wollen Ihnen das einmal am Beispiel »Lampenfieber« zeigen. Viele Menschen kennen Lampenfieber, wenn sie irgendwie im Mittelpunkt stehen. Der »Rahmen«, worin diese Tätigkeit steht, ist nicht schön: Er weist auf die Möglichkeit hin, dass man rot werden, ausgelacht oder kritisiert werden könnte. Das ist erst einmal nicht so angnehm.
Aber dieser Rahmen ist ja nicht die Situation selbst. Sie bestimmen den Rahmen! Nehmen wir noch einmal das Beispiel »eine Rede halten«.
Manche Menschen haben davor regelrechte Horrorvisionen, was alles geschehen könnte. Oder es ist tatsächlich etwas anders gelaufen, als sie es sich vorgestellt hatten. Dass das schlimm sein soll, ist Bestandteil des alten Rahmens. Der »neue Rahmen« lässt das Bild der gehaltenen Rede in einem ganz anderen Licht erscheinen:

- Ich muss eine Rede halten? – Ich freue mich wie ein Schneekönig, dass ich eine Rede halten kann; da kann ich auch gleich meine neuen NLP-Kenntnisse anwenden!
- Ich könnte rot werden? – Hoffentlich werde ich ein wenig rot; das wirkt sympathisch und nimmt die Zuhörer für mich ein!
- Die Zuhörer könnten mich auslachen? – Wenn die Leute lachen, habe ich schon gewonnen! Lachen erzeugt immer eine gute Atmosphäre, und dann kann ich noch lockerer und freier sprechen!
- Man könnte mich kritisieren? – Hoffentlich stimmen mir nicht alle Zuhörer zu! Das wäre ja furchtbar öde, und ich selber hätte gar nichts von meinem Vortrag!

Erscheint Ihnen das zu einfach? Es soll einfach sein – denn oft ist das Einfachste das Beste! Und natürlich funktioniert Reframing auch im Nachhinein. Sie sind rot geworden? Das macht nichts, denn es zeigt, dass Sie ein Mensch mit Gefühlen sind – genau wie Ihre Zuhörer. Sie wurden kritisiert? Das ist normal, wenn man sich in den Mittelpunkt wagt. Statt sich verletzt zu fühlen, können Sie aus den kritischen Beiträgen etwas lernen und Ihren Horizont erweitern.

Wie auch immer Sie Reframing einsetzen – im Grund geht es dabei immer um die Kunst, aus einer Zitrone eine Limonade zu machen.

Auf den Rahmen kommt es an

Kapitel 5

Wachstum – Wie Sie Ihre Fähigkeiten erweitern

Den Horizont erweitern

Eines der wichtigsten Merkmale des Lebens ist Wachstum. Alles was lebt, wächst. So ist es auch mit unserem Geist: Wenn er nicht wächst, kann er nicht wirklich lebendig sein.
Mit NLP können Sie innerlich wachsen: Indem Sie Ihren Handlungsspielraum erweitern, neue Fähigkeiten in sich entdecken und Ihr inneres Potenzial freisetzen.

Sie können mehr, als Sie glauben!

Wie Sie ja schon in den bisherigen Kapiteln gesehen haben, können Sie viel mehr erreichen, als Sie bisher verwirklicht haben. Mit dem WFO-Schema haben Sie eine Möglichkeit bekommen, sich kraftvolle Ziele zu setzen, Sie haben mit dem ABC eine Methode kennengelernt, mit der Sie **Limiting Beliefs** bearbeiten können. Mit **Reframing** können Sie negative Erfahrungen auf konstruktive Weise umdeuten, und Sie haben gelernt, wie Sie sich stark motivieren können.

PRA

Wenn Sie nun sagen müssen: »Ja, ich habe darüber gelesen, aber noch nichts davon erfahren«, raten wir Ihnen, das Buch erst einmal zur Seite zu legen. Überlegen Sie, welchen Sinn es hat, mehr und mehr zu lesen, ohne Erfahrungen zu machen. Auch wenn es vielleicht manchmal so klingen mag: Dies ist kein Märchenbuch, sondern ein Arbeitsbuch, mit dem Sie Ihr Leben unglaublich positiv verändern können. Wenn Sie bisher noch keine praktischen Erfahrungen gemacht haben, suchen Sie noch einmal die PRA-Teile auf und holen Sie die Erfahrung nach!

Nur den nächsten Abschnitt, worin es um Ihr Lebensleitziel geht, können Sie vielleicht vorher noch lesen. Es hatte ja einen Grund, warum Sie sich bisher noch nicht darauf eingelassen haben, Erfahrungen zu sammeln. Vielleicht bekommen Sie nun einen Anstoß.

Was Sie bisher gelernt haben, ist noch lange nicht alles. Es steckt noch viel mehr in Ihnen. Damit Sie einen noch stärkeren Motivator für Veränderungen erhalten, werden wir uns nun einmal gemeinsam Ihr **Lebensleitziel** ansehen.

Finden Sie Ihre Mission

Äußerst erfolgreiche Menschen haben nicht nur Ziele, sie haben eine »Mission«, eine Berufung, ein Lebensleitziel. Es spielt dabei keine Rolle, wie diese Menschen »Erfolg« definieren; eine Mission kann ein religiöses und humanitäres Lebensleitziel sein, wie bei Gandhi oder Albert Schweitzer, ein künstlerisches, wie bei Steven Spielberg oder Pablo Picasso, oder auch ein technologisch-kreatives, wie bei Bill Gates oder Steven Jobs.

Auch sehr erfolgreiche und berühmte Menschen sind nicht unbedingt begabter, talentierter, intelligenter, willensstärker oder haben einfach mehr Glück gehabt als andere. Was sie aber immer auszeichnet, ist, dass es ihnen gelungen ist, all ihre Kräfte auf ihr Ziel zu konzentrieren.

Und genau das ist es, was eine Mission ausmacht: Eine Mission ist das Zusammenspiel aller Werte, Überzeugungen, Interessen, Wünsche und Ziele eines Menschen. Eine Mission verleiht ein starkes Zielbewusstsein, eine Identität, Entschlossenheit, Sehnsucht und Begeisterung. Kurz: Eine Mission, ein Lebensleitziel, ist der Königsweg zum Erfolg!

Den meisten Menschen fehlt ein solches Lebensleitziel. Sie haben keine Mission. Sie haben einen Beruf, eine Arbeit, einen Job – das, was sie tun »müssen« –, und sie haben ein Privatleben, in dem sie versuchen, das zu tun, was sie »wirklich wollen«, in dem sie ihre Werte verwirklichen. Oder sie haben nicht einmal das und lassen sich einfach treiben. Meist vor den Fernseher und in den Konsum. Menschen, die wirklich erfolgreich sind (nach ihren eigenen Kriterien, nicht nach denen anderer!), ist es gelungen, Müssen und Wollen dieselbe Richtung zu geben. Sie trennen nicht zwischen Arbeit und Spaß – sie tun, was ihnen Erfüllung bringt und sind deshalb mit ganzem Herzen dabei und daher so erfolgreich!

Das Lebensleitziel

Es dürfte mittlerweile klar sein, was wir Ihnen sagen wollen: Das Beste, was Sie tun können, ist, Ihr **Lebensleitziel**, Ihre Berufung, Ihre Mission, ausfindig zu machen. Ein Beruf, eine Arbeit, ein Job ist nicht gut genug für Sie!

Unsere Erfahrung sagt uns, dass Sie zunächst einmal wahrscheinlich sagen werden: »Schön und gut – das klingt ja alles sehr richtig. Aber doch nicht für mich! Dieses Ziel ist viel zu hoch gesteckt. Das kann ich nicht.«

Es ist wirklich seltsam: Viele Menschen sind felsenfest davon überzeugt, dass es leichter wäre etwas zu tun, das man nur halbherzig oder gezwungenermaßen tut. Dabei ist es doch viel leichter, das zu tun, was man wirklich begeistert tun will. Das Ziel ist also überhaupt nicht hoch gesteckt. Selbstverständlich können auch Sie Ihre Mission finden!

Nun wollen wir Sie auch nicht entmutigen, indem wir behaupten, alles wäre supereinfach und im Handumdrehen zu erreichen. Natürlich gibt es Schwierigkeiten und Hindernisse auf diesem Weg. Egal, was Sie tun. Meistens sind es alte Gewohnheiten, die er-

staunlich hartnäckig sind. Oft sind aber auch äußere Umstände wirklich lästig.
Aber letztendlich läuft es immer auf eine Wahl hinaus: Sie können so weitermachen wie bisher, oder Sie können Ihrem Leben eine neue Richtung geben!
Natürlich wollen wir Ihnen das nicht einfach so mitteilen. Wir werden Ihnen auch zeigen, wie Sie Ihre Mission finden können. Dazu werden wir Ihnen gleich eine wichtige Übung vorstellen.

Ein Lebensleitziel ermöglicht Großes

Eine Mission kann groß, ja überlebensgroß und gigantisch sein – aber sie darf niemals entmutigen. Eine Mission ist nicht etwas, was Sie unbedingt erreichen können, sondern etwas, das Ihrem Leben Sinn und Ziel gibt, das Sie auf Ihrem Lebensweg leitet und all Ihre Werte, Interessen und Wünsche in sich vereint.
Die Gründer von Greenpeace wussten wohl, dass sie ihr **Lebensleitziel** nicht erreichen würden. Doch zu welch enormen Leistungen hat sie ihre Mission angespornt: 1971 wurde Greenpeace in Vancouver gegründet – heute hat Greenpeace über drei Millionen Mitglieder in über 150 Ländern und ist eine weltweit bekannte Organisation, die sicher einen großen Teil zum ökologischen Bewusstseinswandel beigetragen hat! Hier spielt es aber gar keine Rolle, wie man Greenpeace nun gegenübersteht. Hier geht es um die Leistungen, zu denen ein motivierendes Lebensleitziel anspornen kann.
Die Beispiele, die wir bisher angeführt haben, zeigen deutlich, was Menschen mit einer Mission erreichen können. Doch eine Mission, ein **Lebensleitziel**, ist etwas ganz Privates und muss nicht unbedingt gewaltige Dimensionen annehmen. Wirklich glückliche, erfolgreiche Menschen gibt es in jedem Lebensbereich des Lebens. Nicht das »Was« sondern das »Wie« macht eine Mis-

sion aus. Ein Handwerker kann sich als Lebensleitziel setzen, seine Fähigkeiten zur Perfektion zu bringen, seine Kunden zufriedenzustellen und durch seine Freundlichkeit und Zuverlässigkeit bei ihnen beliebt und geachtet zu sein. Die Mission einer Mutter kann sein, ihre Kinder zu glücklichen, selbstständigen, liebevollen und optimistischen Menschen zu erziehen.

Eine Mission entwickeln

Ein **Lebensleitziel**, eine »Mission«, ist also etwas, das Sie sicherlich mit großem Gewinn für sich selbst erreichen können und – wenn Sie in Ihrem Leben wirklich erfolgreich sein und innerlich wachsen wollen – auch finden müssen!
Begeben Sie sich auf die spannende Suche nach Ihrer Mission! Die folgende Übung hilft Ihnen dabei.

TEC

Die spannende Suche nach Ihrer Mission

1. Werte und Träume erkunden
2. Erfüllung suchen
3. Fähigkeiten aufspüren
4. Hilfe vom Unterbewusstsein annehmen
5. Einen Lebensleitsatz finden

1. Werte und Träume erkunden

Sehen Sie sich Ihre zentralen Werte noch einmal an. Was könnte theoretisch alle Ihre Werte verwirklichen? Setzen Sie sich hier keine Grenzen – träumen Sie! Möchten Sie Raumfahrer, Dirigent, Königin, Präsident, Chef einer großen Firma, Erfinderin werden? Wollen Sie bedrohte Tierarten retten, leidenden Menschen helfen, den Hunger in der Welt besiegen? Lassen Sie Ihrer Fantasie freien Lauf – es kostet Sie nichts und verpflichtet Sie zu nichts.

Denken Sie an alle Aktivitäten, von denen Sie träumen und die Ihre Werte umsetzen.

2. Erfüllung suchen

Überlegen Sie, was Ihnen in Ihrem bisherigen Leben wirklich Freude gemacht und Ihnen tiefe Erfüllung verschafft hat. Wenn Sie eine solche Situation gefunden haben, schließen Sie die Augen und versuchen Sie, vor Ihrem inneren Auge einen Film ablaufen zu lassen, worin Sie diese Situation und die damit verbundenen positiven Gefühle noch einmal durchleben: Versetzen Sie sich selbst in diesen Film, lassen Sie die Farben in dem Film leuchten und fügen Sie eine dazu passende schöne Musik hinzu. Nehmen Sie sich Zeit dafür!

3. Fähigkeiten aufspüren

Überlegen Sie sich, welche Fähigkeiten Sie bräuchten, um sich in die Richtung Ihrer Traumziele zu bewegen. Haben Sie vielleicht schon einige davon? Welche haben Sie noch nicht? Wäre es nicht ein befriedigendes Ziel, sich diese fehlenden Fähigkeiten anzueignen?

4. Hilfe vom Unterbewusstsein annehmen

Durch diese bisherigen Überlegungen ist Ihr Unterbewusstsein gut vorbereitet. Lassen Sie sich nun von ihm dabei helfen, Ihre Mission zu finden. Versuchen Sie, einen Leitsatz zu formulieren, der Ihre Mission beschreibt. Setzen Sie sich nicht unter Druck – hören, sehen und fühlen Sie in sich hinein und achten Sie auf die Bilder und Worte, die dabei in Ihnen auftauchen.

5. Einen Lebensleitsatz finden

Ein solcher Leitsatz fasst Ihre »Bestimmung« in einer prägnanten Weise zusammen; beispielsweise: »Was mir wirklich Erfüllung verschafft, ist meine Familie. Das Glück meiner Lieben ist die Quelle meiner Kraft und Zufriedenheit.« Oder: »Ich bin ein wichtiger Teil der Menschheit. Etwas Bleibendes zu hinterlassen, verschafft mir Erfüllung.« Oder: »Ich bin Künstler. Meine Bestimmung ist, meine Kunst zur Vollkommenheit zu bringen.« Oder …

Wenn Sie einen Leitsatz gefunden haben, sprechen Sie ihn ein paarmal laut aus und achten Sie darauf, welche Gefühle das in Ihnen auslöst. Vielleicht spüren Sie in Ihrem Inneren ein tiefes, warmes, vibrierendes, beglückendes Gefühl – ein Zeichen dafür, dass Sie bereits auf dem besten Weg zu Ihrer Mission sind. Dieses Gefühl wird Sie auf Ihrem Weg leiten!

Sollten Sie jetzt beim ersten Durchgang noch kein überzeugendes **Lebensleitziel** gefunden haben, lassen Sie sich dadurch nicht frustrieren. Sie können immer wieder einmal zu dieser Übung zurückkehren. Im weiteren Verlauf dieses Buchs werden Sie noch viele neue Anregungen bekommen, eine Vielzahl interessanter Übungen machen und vertrauter mit der unglaublichen Kraft werden, die in Ihnen steckt – spätestens dann werden Sie auch auf Ihre Mission, Ihr Lebensleitziel, stoßen!

Ein Leitziel ist etwas, das Ihr Leben ungeheuer bereichern kann. Aber es ist natürlich nicht alles. Sie haben sicher viele kleinere Ziele, die Sie erreichen wollen. Und idealerweise dienen alle Ihre Ziele auch der Verwirklichung Ihrer Mission.

Der Weg ist das Ziel

Sie können Weg und Ziel auf ganz unterschiedliche Art und Weise betrachten. Sehen Sie sich einmal folgende Möglichkeiten an:

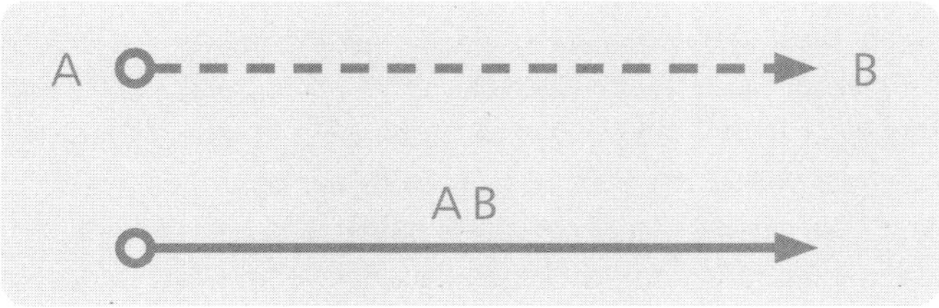

Der Weg ist das Ziel

Die erste Variante beschreibt die übliche Sichtweise. Hier stehen Sie (A), und dort ist Ihr Ziel (B). Ihr Weg ist die Bewegung von A nach B. Zwischen Ihrem Ausgangspunkt und Ihrem Ziel liegt ein Zwischenraum, der überwunden werden muss. Der Weg ist sozusagen das, was Sie von Ihrem Ziel trennt.

Die zweite Variante beschreibt dieselbe Realität, doch aus einer ganz anderen Sicht: In dem Weg, der zum Ziel führt, sind Anfang und Ende des Weges bereits enthalten. Das Ziel und der Ausgangspunkt sind nur besondere Punkte auf dem Weg – der Weg ist das Ziel!

Wenn Sie Ihre Mission, Ihr Lebensleitziel, gefunden haben, ist genau das der Fall. Ihr Weg wird zu Ihrem Ziel, und Sie erfahren eine stetige Befriedigung bei dem, was Sie tun.

Die Struktur der Persönlichkeit

Wir erleben uns selbst in der Regel als Einheit. Ich bin ich. Und doch kennt jeder von uns Situationen, in denen diese Einheit nicht so einheitlich ist. Sicher haben Sie auch schon einmal innere Konflikte erlebt: Sie wollten etwas und wollten es gleichzeitig nicht.

Im NLP hat sich eine Modell-Vorstellung als sehr praktisch erwiesen, die eine Person als das Ergebnis der Zusammenarbeit verschiedener »Teile«, »Teilpersönlichkeiten« oder **»Subpersönlichkeiten (SPs)«** betrachtet.

NLP

Subpersönlichkeiten (SPs), Teile der Persönlichkeit, Teile, Teilpersönlichkeiten, innere Persönlichkeiten: Ein Modell, das zusammengehörige Motive, Erinnerungen, Einstellungen, Bedürfnisse, Strategien, Denk-, Verhaltens- und Gefühlsmuster als bis zu einem gewissen Grad unabhängige Prozesse im Unterbewusstsein versteht und diese wie Persönlichkeiten behandelt.

Sie können sich das vorstellen wie eine kleine Firma: Die Gesamtpersönlichkeit mit all ihren Bestrebungen, Wünschen, Problemen und Träumen ist die »Firma«, das Ich ist der Chef und die **Subpersönlichkeiten** sind die Manager, Angestellten und Arbeiter. Im Gegensatz zu so mancher realen Firma haben aber alle immer nur das Wohl der Firma zum Ziel – die »Firma« ist ja ihr ganzes Leben. Alle Teilpersönlichkeiten sind Teile der Firma!
Diese Sichtweise hat einige wichtige Vorteile: Wenn wir uns beispielsweise von einem inneren Konflikt »zerrissen« fühlen, ist es nicht leicht, einen Ausweg zu finden. Wir können uns nur für das eine oder das andere entscheiden. In dem »Firma«-Modell stellt sich der Konflikt anders dar: Zwei »Angestellte« (Subpersönlichkeiten) wollen auf unterschiedliche Art und Weise etwas für die »Firma« (unsere Person) tun.

Die Teile der Persönlichkeit als Firma

Wir können nun herausfinden, was genau die »Angestellten« tun und an welcher Stelle sie nicht übereinstimmen; wir können zwischen ihnen vermitteln, ihnen die positiven Absichten der anderen klarmachen und sie zu einer sinnvolleren Zusammenarbeit bewegen. Das Ergebnis einer solchen »Verhandlung« ist ein völlig anderes, als wir es bei einem inneren Konflikt durch eine Entscheidung auf der Basis von Willenskraft erreichen können. Um noch einmal das »Firma«-Modell zu bemühen: Die Firma wird leistungsfähiger, wenn alle dort Tätigen optimal zusammenarbeiten.

Personale Integration: Das Puzzle zusammenfügen

Die Personale Integration baut auf NLP auf und stellt das Subpersönlichkeiten-Modell besonders stark in den Vordergrund. Das Hauptziel der Personalen Integration besteht darin, für die optimale Zusammenarbeit der Subpersönlichkeiten eines Menschen zu sorgen und damit das volle Potenzial der betreffenden Person auszuschöpfen.

DEF

Personale Integration: Ein Modell, das relativ unabhängige »Unterprogramme« des Gehirns als individuelle Persönlichkeiten betrachtet. Bei Konflikten wird mit NLP-Methoden zwischen diesen **Subpersönlichkeiten** vermittelt, sodass ihre positiven **Absichten** und **Ressourcen** in die Gesamtpersönlichkeit integriert werden können.

Vielleicht kommt Ihnen die Vorstellung seltsam vor, dass in Ihrem Unterbewusstsein mehrere »Persönlichkeiten« tätig sein sollen. Machen Sie sich klar, dass es sich um ein Modell handelt, das Ihnen dabei helfen soll, sich selbst besser zu verstehen. Es ist einfach leichter, sich Personen vorzustellen als »Bündel von Motiven, Glaubenssätzen, Strategien und Verhaltensweisen«.

Das Modell der Persönlichkeit, das der Personalen Integration zugrunde liegt, hat einige Grundannahmen. Die möchten wir Ihnen nun kurz vorstellen.

NLP

Grundsätze der Personalen Integration

- Die Persönlichkeit eines Menschen ist das Ergebnis der Bestrebungen einer Anzahl von Subpersönlichkeiten (SPs).
- Jede SP hat eine positive Absicht.
- Nur einige SPs (A, D, E – siehe Abb.) erreichen das Bewusstsein.
- Das Ich, der »Charakter«, hat Teil am Bewusstsein und am Unterbewusstsein – es wird also von mehr SPs, als bewusst werden, beeinflusst.
- Einige SPs (F, G) erreichen das Ich nicht und beeinflussen auf direktem Weg ausschließlich das Unterbewusstsein – doch sie beeinflussen andere SPs, die das Ich erreichen.
- Einige SPs (B, D, G) kommunizieren mit dem Tiefenbewusstsein, das körperliche Funktionen steuert.

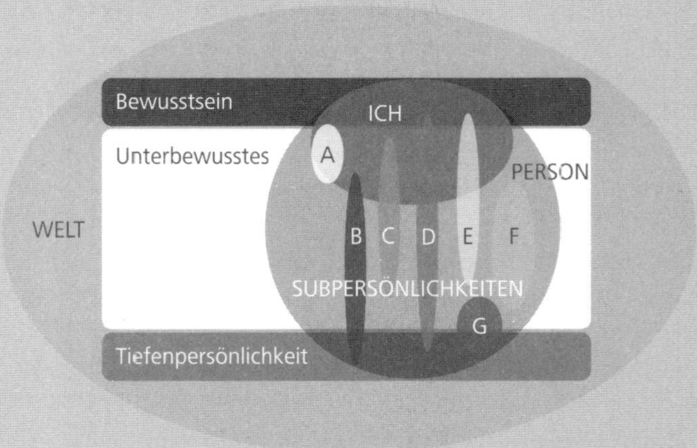

Das Subpersönlichkeiten-Modell – Die Struktur der Persönlichkeit

Das Modell strukturiert das Unterbewusstsein und macht Phänomene wie innere Konflikte, psychosomatische Störungen, Intuition, Kreativität oder Träume begreifbarer. Die Anwendung des Modells ermöglicht es, tiefgreifende Veränderungen auszulösen und mit sich selbst in Einklang zu kommen.

Mit sich selbst sprechen

Menschen, die mit sich selbst laut sprechen, haben in der Regel Probleme. Sie können nicht mehr zwischen innen und außen unterscheiden und spüren ihre inneren Stimmen wie Stimmen, die von außen kommen. Das ist natürlich ein Krankheitsbild. In manchen Formen der Schizophrenie kommt so etwas vor.

Doch das sollte Sie nicht verwirren: Jeder Mensch führt Selbstgespräche! Was ist Nachdenken? Ein inneres Selbstgespräch. Was ist das Abwägen zwischen zwei Standpunkten? Was sind Überlegungen, wie sich eine Situation entwickeln könnte? Immer wenn wir zwischen verschiedenen Möglichkeiten abwägen, immer wenn wir über uns selbst nachdenken, führen wir innere Dialoge.

EXP

Nehmen Sie sich kurz Zeit, um über etwas nachzudenken, worüber Sie sich nicht ganz im Klaren sind. Beispielsweise, ob das Subpersönlichkeiten-Modell sinnvoll ist. Achten Sie genau darauf, was dabei in Ihnen vorgeht und ob Sie nicht unterschiedliche »Teile« identifizieren können.

Im Inneren Dialog werden wir mit unseren **Subpersönlichkeiten** so sprechen, wie wir auch mit unseren Mitmenschen sprechen. Oder besser gesagt: sprechen sollten. Denn um Erfolg mit der **Personalen Integration** zu haben, werden wir liebevoll, einfühlsam, offen, ehrlich und lernbegierig mit unseren inneren Persönlichkeiten sprechen müssen.

NLP Innerer Dialog: Ein bewusst strukturiertes Selbstgespräch, bei dem unterschiedliche Motive, Denkweisen, Glaubenssätze als »innere Persönlichkeiten« behandelt werden.

Beim Inneren Dialog ist es wichtig, ein paar »Regeln« zu beachten:

- Der **NLP-Grundsatz** »Jedem Verhalten liegt eine positive Absicht zugrunde« gilt auch für das Verhalten jeder inneren Persönlichkeit.
- Es ist sehr wichtig, jeder seiner inneren Persönlichkeiten respektvoll zu begegnen: Dazu gehört auch der Name, mit dem wir eine innere Persönlichkeit ansprechen. Es gibt keinen »inneren Schweinehund«!
- Missachten, Unterdrücken, Strafen und Drohen haben keinen Platz im inneren Dialog. Wenn wir unseren **Subpersönlichkeiten** mit Strafen, Missachtung oder Auslöschung drohen, werden sie sich verteidigen oder zurückziehen.
- Klarheit und Offenheit sind unbedingt nötig und sinnvoll: Denn wen wollten wir täuschen, wenn wir mit uns selbst kommunizieren?
- Jede innere Stimme hat das Recht, zu sprechen und auszusprechen.
- Das Bemühen, zu verstehen, ist von zentraler Bedeutung: Wenn wir uns nicht bemühen, uns selbst zu verstehen, werden wir uns selbst teilweise fremd sein und innere Konflikte erleben.

Im Grund sind das alles Regeln, die nahezu 1:1 auch für die Kommunikation mit anderen Menschen gelten sollten. Doch anderen Menschen gegenüber können wir unser Misstrauen vielleicht nicht über Bord werfen. Anderen Menschen gegenüber müssen wir vielleicht bestimmte Rollen und Erwartungen erfüllen. Alle diese Hindernisse fallen weg, wenn wir mit unseren inneren Persönlichkeiten kommunizieren.

Es gibt keinen »inneren Schweinehund«!

Das Allererste, was wir tun können, um die **positive Absicht** unserer **Subpersönlichkeiten** zu würdigen, besteht darin, ihnen die (positiven) Namen zu geben, die sie verdienen. Wir neigen dazu, mit jenen inneren Stimmen, die unseren bewussten Zielen und Anschauungen widersprechen, nicht gerade zimperlich umzugehen. Wir sehen uns beispielsweise als hilfreiche, idealistische Persönlichkeit und wehren jeden Gedanken ab, der uns rät, etwas mehr an uns selbst zu denken: »Das ist selbstsüchtig und unmoralisch!« Wir sind gläubig und wehren skeptische Stimmen in uns ab: »Das sind böse Versuchungen!« Wir halten uns für aufgeklärte, rationale Menschen und machen jede spirituelle Regung, jede Form magischen Denkens nieder: »Das ist mittelalterlich und primitiv!« Oder wir betrachten uns selbst als aufgeschlossen, offen und tolerant und unterdrücken jede Stimme, die sich konservativ oder kritisch meldet: »Das ist faschistisch, rassistisch oder schlichtweg dumm!« Wir wehren ab, was unseren bewussten Ansichten widerspricht.

Im Lauf der Zeit werden diese inneren Stimmen dann immer leiser und melden sich kaum noch zu Wort. Aber die Teile unseres Selbst, aus denen diese Stimmen kommen, wirken natürlich weiter. Und da wir sie nicht mehr bewusst wahrnehmen, können wir nicht mit ihnen kommunizieren. Daher können wir ihnen auch nicht zeigen, wie sie ihre positiven Absichten vielleicht auf sinnvollere Art und Weise umsetzen können. Das hat Konsequenzen: Sie werden dann ihre positiven Absichten aggressiv verteidigen und in einer Form umsetzen, die uns in unserem Wachstum, unserer Entwicklung, unserer Lebensfreude und Gesundheit behindert.

Wenn Sie also damit beginnen, Ihre **Subpersönlichkeiten** anzusprechen, sollten Sie den ersten und einfachsten Schritt zu einer liebevollen Beziehung tun: Geben Sie ihnen Namen, die nicht ihren momentanen Ausdrucksformen, sondern ihrer **positiven Absicht** gerecht werden.
So wird der »stockkonservative Besserwisser« zum »erfahrenen Bewahrer«, der »abergläubische Angsthase« zum »intuitiven Beschützer«, der »verrückte Spinner« zum »kreativen Lehrer«, der »unkritische Narzisst« zum »inneren Freund«, der »hemmungslose Partylöwe« zum »Anwalt der Lebensfreude« oder der »innere Schweinehund«, der uns vom Fitnesstraining abhält, zum »inneren Genießer«.

EXP Denken Sie einmal darüber nach: Welchen »Namen« würden Sie sich selbst geben?

Namen sind nicht nur willkürliche Bezeichnungen. Sie zeigen die Einstellung gegenüber dem Bezeichneten. Stellen Sie doch einmal vor, wie es Ihnen, also Ihrem bewussten Ich, geht, wenn Sie in einer Diskussionsrunde einen Vorschlag machen. Wie fühlen Sie sich, wie reagieren Sie und wie handeln Sie, wenn Sie als »Querulant«, »Dummkopf« oder gar »Verbrecher« bezeichnet werden? Und wie, wenn die anderen sagen: »interessant«, »nachdenkenswert«, »ein wichtiger Beitrag« oder »eine gute Idee«? In welchem Fall werden Sie eher bereit sein, auch den anderen genau zuzuhören, ihre Vorstellungen zu bedenken? Wann werden Sie eher motiviert sein, weiter nachzudenken? Wann wären Sie eher kompromiss- oder kooperationsbereit?
Geben Sie Ihren Subpersönlichkeiten immer positive Namen – und Sie werden feststellen, dass Sie die Stimmen klarer und deutlicher hören können. Ihre inneren Stimmen werden auch neugieriger

auf andere Vorstellungen sein. Und sie werden kooperations- und hilfsbereiter reagieren.
Wenn Sie eine innere Stimme mit einem positiven Namen ansprechen, werden Sie auch deren positive Absicht leichter erkennen – und das muss gar nicht die positive Absicht sein, die Sie mit dem Namen unterstellt haben. Doch Sie können mit dem Namen eine positive Grundhaltung vermitteln. Es kommt dann mitunter vor, dass die angesprochene Subpersönlichkeit sich klar zu Wort meldet und Ihnen ihre wahre positive Absicht kundtut. Das kann sehr erhellend sein!
Also: Seien Sie nett zu Ihren Subpersönlichkeiten – seien Sie nett zu sich selbst!

Den inneren Dialog beginnen

Nun wird es Zeit, praktisch einzusteigen. Wie fangen Sie an? Zunächst einmal versuchen Sie, drei wichtige **Subpersönlichkeiten** kennenzulernen: Den »Moderator« (die neutrale, nicht wertende Instanz), den »Träumer« und den »Kritiker«.

Der innere Dialog

Nehmen wir als Beispiel einen Dialog zwischen dem »Träumer«, der eine Vision eines für Sie wertvollen Ziels präsentiert, und dem »Kritiker«, der Ihre Schwächen, negativen Erfahrungen und die Konsequenzen eines möglichen Scheiterns dagegenhält.
1. Sprechen Sie die beiden Teile als »neutraler Moderator« an. Achten Sie auf positive Ansprache. »Träumer« und »Kritiker« sind neutral – aber vielleicht sieht sich der betreffende Persönlichkeitsteil selbst ganz anders!
2. Fragen Sie nacheinander die beiden Teile nach ihrer jeweiligen **positiven Absicht**.
3. Stellen Sie nacheinander den beiden Teilen drei Fragen:

- »Kennst du den Kritiker/Träumer?«
- »Ist dir klar, dass der Kritiker/Träumer eine positive Absicht hat?«
- »Kennst du die positive Absicht des Kritikers/Träumers?«

4. Lassen Sie dem inneren Dialog freien Lauf und greifen Sie als Moderator nur ein, um sicherzustellen, dass jeder Teil aussprechen kann.
5. Führen Sie, bevor Sie den inneren Dialog beenden, einen zumindest minimalen positiven Abschluss herbei – und sei es nur, dass die beiden inneren Persönlichkeiten die positive Absicht des jeweils anderen erkennen, wenn auch nicht unbedingt akzeptieren.

Wenn Sie zum ersten Mal mit Ihren **Subpersönlichkeiten** arbeiten, sind Sie möglicherweise noch ein wenig unsicher. Hier ein paar Fragen und Antworten:

»Muss ich laut sprechen?« Nein, das ist nicht nötig. Sie können einfach in Gedanken sprechen.

»Soll ich die Augen schließen?« Ja, das hilft meist, innere Stimmen deutlicher wahrzunehmen.

»Ich höre nicht wirklich innere Stimmen. Muss ich warten, bis ich eine Stimme deutlich höre?« Nein. Ihre inneren Stimmen sind ja Teile Ihrer Selbst; es ist also völlig in Ordnung, wenn Sie zunächst selbst für diese Stimmen sprechen – oder abwarten, bis charakteristische Gedanken auftauchen. Sie werden feststellen, dass Sie die inneren Stimmen im Lauf der Zeit immer deutlicher wahrnehmen und sie leichter voneinander unterscheiden können.

Ergebnisse assimilieren

Wenn Sie einen **Inneren Dialog** beenden, sollten Sie darauf achten, dass irgendein – und sei es auch noch so kleines – positives

Ergebnis erreicht wurde. Zumindest aber sollten die beteiligten **Subpersönlichkeiten** die ersten beiden Fragen des Moderators mit »Ja« beantworten können. Noch besser ist es natürlich, wenn das gegenseitige Verständnis noch etwas weiter geht. Idealerweise finden Sie sogar einen neuen Weg, auf dem Subpersönlichkeiten, die vorher im Konflikt zueinander gestanden haben, nun beide ihre positiven Absichten verwirklichen können.

Wenig Sinn hat es, eine solche Einigung erzwingen zu wollen – das funktioniert bei Ihren Subpersönlichkeiten noch weniger, als es im Dialog mit anderen Menschen funktioniert. Es kann eine Weile dauern, bis Subpersönlichkeiten neue Wege finden, die ihre Gegensätze vereinbaren. Der positive Abschluss, mit seiner Minimalanforderung (des Erkennens einer anderen Subpersönlichkeit und deren positiver Absicht) ist allerdings wichtig – und er ist auch immer möglich. Alle Ihre Subpersönlichkeiten haben schließlich dasselbe Zuhause, teilen sich denselben Körper und denselben mentalen Raum. Wenn ihnen eine andere Subpersönlichkeit nicht bewusst ist, wird sie bewusst, indem sie unter dem Schutz des Moderators spricht. Ebenso kann der Moderator jeder Subpersönlichkeit die Existenz der positiven Absicht einer anderen klarmachen. Etwas schwieriger kann es sein, dann auch echtes Verständnis für diese positive Absicht zu wecken.

Der Grund, weshalb es so wichtig ist, einen positiven Abschluss zu finden, liegt darin, dass die Arbeit im Unterbewussten nur dann zielgerichtet weiterlaufen kann. Sie können sich das so vorstellen: Im inneren Dialog hat eine Subpersönlichkeit eine andere kennengelernt und weiß nun, dass auch diese eine positive Absicht verfolgt. Wird der bewusste Dialog dann beendet, heißt das nur, dass Sie (also Ihr bewusstes Ich) die Beobachterrolle verlassen. Die gedanklichen Prozesse, die der Dialog bei den Subpersönlichkeiten ausgelöst hat, gehen jedoch im Unterbewusstsein weiter.

Die angesprochenen **Subpersönlichkeiten** »denken nach«; es kommen unterbewusste Suchprozesse in Gang. Wenn nun der Abschluss des Dialogs kein positives Ergebnis brachte, wird sich dieses Ergebnis weiter festigen – und wenn der Abschluss positiv war, wird auch diese Richtung beibehalten und vertieft. Es kann sogar vorkommen, dass ein Dialog mit einem minimalen positiven Ergebnis beendet wurde, aber einige Tage später plötzlich überraschende Veränderungen im Fühlen, Denken oder Verhalten auftauchen, über die Sie sehr erstaunt sind und die Sie zunächst gar nicht mehr mit dem inneren Dialog in Verbindung bringen. Machen Sie sich auf (positive) Überraschungen gefasst!

PRA

Innere Dialoge führen Sie immer, nicht nur wenn Sie vor großen Entscheidungen oder Veränderungen stehen. Nur findet das meist nicht bewusst statt. Gewöhnen Sie sich an, auch im Alltag, immer dann, wenn Sie etwas abwägen, das Modell der **Personalen Integration** einzusetzen. Mit ein wenig Übung wird es Ihnen leichtfallen, Ihre inneren Stimmen klar voneinander zu unterscheiden. Dadurch werden Sie nicht nur Entscheidungen kompetenter treffen können, sondern insgesamt zu mehr Einigkeit und innerer Zufriedenheit finden. Wenn alle Pferde vorne vor die Kutsche gespannt sind und alle in eine Richtung ziehen, kommt man schneller voran, als wenn an jeder Seite ein Pferd in eine andere Richtung laufen will!

Der Weg der Zeit

Zeit ist ein großes Geheimnis. Was ist Zeit eigentlich? Existiert Zeit überhaupt oder ist sie eine Illusion, die das Bewusstsein erzeugt? Das sind sehr interessante Fragen. Wir wollen uns hier aber auf einen Aspekt beschränken: auf die persönliche, subjektive Zeit. Es gibt die Zeit, die die Uhr misst. Doch die persönliche Zeit ist damit nicht identisch.

Wenn Sie an Ihre Kindheit zurückdenken, können Sie sehen, dass sich die persönlich erfahrene Zeit von der messbaren Zeit unterscheidet: Jeder Sommer mit seinen Sommerferien war eine Zeit voller Abenteuer und Erlebnisse. Je älter Sie sind, desto kürzer scheinen die Sommer. Wir messen die innere Zeit nicht wie die Uhr, sondern anhand neuer Erfahrungen. Dabei taucht ein Paradox auf: Erfüllte Zeit ist reich an Erfahrungen, scheint im Flug zu vergehen, wirkt aber in der Rückbesinnung lang. Nicht erfüllte Zeit, mit eintönigen, langweiligen Tätigkeiten scheint dagegen besonders lang anzudauern, während man sie erlebt – doch diese Zeit wirkt in der Erinnerung wie eine kurzes Intermezzo. Werfen Sie einmal einen Blick in Ihre Vergangenheit und sehen Sie selbst!

EXP

Nun sieht jeder Mensch seinen Weg durch die Zeit interessanterweise ein wenig anders. Wir organisieren unsere Erfahrungen in der Dimension der Zeit – auf einer »Zeitlinie«. Die Zeitlinie muss keineswegs immer eine gerade Linie sein: Sie kann gerade oder geschwungen, mal dick, mal dünn sein, kann unsichtbare Stellen und dicke Knäuel haben oder verschiedene Farben und Strukturen aufweisen. Die Zeitlinie kann eine abstrakte Linie sein, ein Weg oder ein Fluss. Die persönliche Zeitlinie eines Menschen ist so individuell wie der Mensch selbst. Die Zeitlinie ist »der Stoff aus dem das Ich besteht«.

Im NLP hat auch das Zeiterleben eine Struktur. Diese Struktur beeinflusst die Art und Weise, zu denken und zu fühlen –, und sie kann verändert werden. Bevor Sie Ihre persönliche **Time Line** verändern, ist es erst einmal wichtig, sie genau zu erkunden. Indem

Sie Ihr persönliches Zeiterleben visualisieren und positiv strukturieren, können Sie bereits einiges über Ihren Standpunkt erfahren und vielleicht auch schon eine bessere, klarere Perspektive gewinnen.

Time Line
Wahrscheinlich ist es für Sie zunächst einmal etwas ungewohnt, sich Zeit vorzustellen. Versuchen Sie als Erstes, für sich Antworten auf folgende Fragen zu finden. Schließen Sie die Augen, und versuchen Sie, ein Bild von Ihrer persönlichen Zeitlinie zu entwickeln.

- In welcher Richtung liegt für Sie die Vergangenheit? (Vor Ihnen, hinter Ihnen, rechts von Ihnen oder links, über Ihnen, unter Ihnen?)
- In welcher Richtung liegt Ihre Zukunft?
- Führt die Zeitlinie von Ihrer Vergangenheit in die Zukunft aufwärts, abwärts, oder liegen alle Zeitabschnitte auf einer Ebene?
- Ist Ihre Zeitlinie gerade oder gewunden?
- Können Sie sich in der Vorstellung auf Ihrer Zeitlinie frei bewegen?
- Gibt es Lücken, dunkle Stellen, »Nebel«, Knoten oder sonstige Hindernisse auf Ihrer Zeitlinie? (Solche Stellen weisen auf emotionale Verletzungen in Ihrer Vergangenheit hin.)
- Stehen Sie in Ihrer Zeitlinie oder außerhalb (davor, dahinter, darüber, darunter)?

Versuchen Sie, sich ein möglichst klares Bild von Ihrer persönlichen Zeitlinie zu gewinnen/machen.

Es gibt auch ungewöhnlichere, aber genauso berechtigte Vorstellungen der Zeit. Beispielsweise kann man die Zeit als unveränderbar, als vierdimensionales Gebilde betrachten: Alles ist schon vorhanden, Vergangenheit, Gegenwart und Zukunft – und das Leben ist das Schweifen des Blicks über das Ganze. Ähnlich ist das »Matryoschka-Modell«: Die Gegenwart ist dabei wie eines dieser russischen Püppchen, in denen weitere Püppchen stecken – die vergangenen Gegenwarten. Und der gegenwärtige Augenblick selbst ist wiederum in weitere Püppchen eingebettet – die zukünftigen Gegenwarten …

Versuchen Sie für einen Moment, sich ein statisches Modell der Zeit vorzustellen. Geben Sie nicht gleich auf, versuchen Sie es! Achten Sie dabei darauf, wie sich diese Vorstellung auf Ihre Gefühle, Motive und Ihre innere Ruhe auswirkt.

EXP

Es lohnt sich immer, seine persönliche **Time Line** zu erkunden! Doch wir wollen nicht beim Erkunden stehen bleiben. In diesem Kapitel geht es um inneres Wachstum.
Sie haben sich Ihre persönliche **Time Line** weiter oben schon angesehen. Und nun gehen wir einmal daran, das zu verändern. Natürlich in einer Art und Weise, die Ihnen nützt.

Time Line-Arbeit
Wenn Sie Ihre **Time Line** vor Augen haben, können Sie ausprobieren, ob Sie durch Verschiebung der **Submodalitäten** Ihrer **Time Line** positive Veränderung herbeiführen können:

TEC

1. Betrachten Sie Ihre **Time Line**
2. Versuchen Sie, persönliche wichtige Ereignisse auf dieser Zeitline zu »sehen«.
3. Versuchen Sie, die Struktur Ihrer **Time Line** zu verändern. Wie verändert sich Ihr Blick auf Gegenwart, Vergangenheit und Zukunft, wenn Sie Ihre persönliche Zeitlinie anders positionieren?

Achten Sie darauf, wie sich Ihre Gefühle verändern, wenn beispielsweise Ihre Vergangenheit »hinten« liegt. Und wie fühlt es sich an, wenn Sie sie von rechts nach links verlaufen lassen? Experimentieren Sie nicht nur mit der Position, sondern ebenso mit Form, Struktur, Farben usw. Dabei werden Sie feststellen, dass Sie Ihre **Time Line** zwar nicht beliebig verändern können, doch dass sich schon ein paar kleine Abwandlungen enorm positiv auf Ihr Befinden auswirken können.

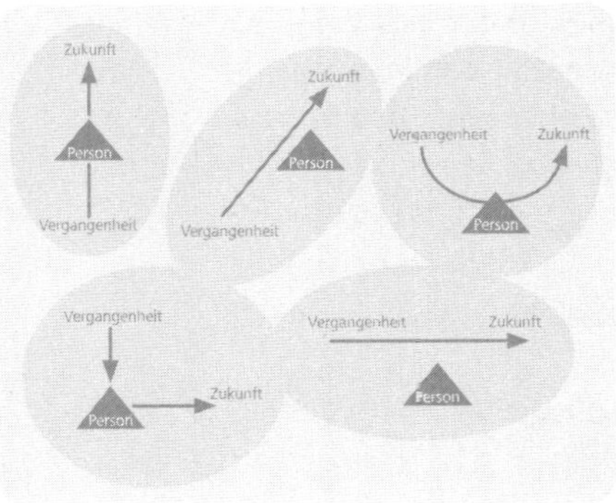

Die Veränderungen durch die Sichtweise der persönlichen Time Line können sehr beeindruckend sein, obwohl sich doch »nur« die Sicht auf die Zeit ändert. Doch es macht einen gewaltigen Unterschied, wie Sie Ihre Zeit sehen.

*Beispiele für unterschiedliche persönliche **Time Lines***

Manche Menschen, solche mit extrem traumatischen Erfahrungen, sehen ihre **Time Line** so, dass die Vergangenheit vorne liegt und nach hinten, in die unsichtbare Zukunft, verläuft. Durch das Umkehren der **Time Line** liegen die traumatischen Erfahrungen hinter ihnen und drängen sich nicht fortdauernd ins Bewusstsein. Bei anderen Menschen ist es genau umgekehrt: Die quälenden Erfahrungen liegen hinter ihrem Rücken und wirken dadurch noch bedrohlicher. Indem sie ihre **Time Line** so verschieben, dass die unangenehmen Erfahrungen im Blickfeld sind, fühlen sie sich sicherer und können besser mit diesen Erfahrungen umgehen. Jeder Mensch ist anders. Jede **Time Line** ist anders.

Nehmen Sie sich Zeit, sich Ihre **Time Line** genau anzusehen und mit ihr zu spielen.

Es lohnt sich, im Alltag immer wieder darauf zu achten, wo Erinnerungen und Gefühle auf der eigenen **Time Line** liegen. Oder liegen werden: In der Regel wirkt es motivierend, wenn ein Ziel auf der **Time Line** direkt vor einem liegt. Indem Sie mit Ihrer **Time Line** spielen, können Sie Ihre Zukunft motivierender und Ihre Vergangenheit kraftvoller gestalten.
Eine weitere Anwendung im Alltag besteht darin, sich die **Time Line** anderer Menschen anzusehen. Achten Sie darauf, wie Menschen in Ihrer Umgebung über Vergangenheit und Zukunft sprechen – oft verbergen sich dort Hinweise auf die Struktur ihrer Zeitlinie. Sie werden Menschen besser verstehen, wenn Sie ihre **Time Line** verstehen!

Kapitel 6

Kommunikation – Wie Sie mit Worten die Welt bewegen

In der Verständigung liegt der Schlüssel

Gute Kommunikation herzustellen, ist – neben positiven Veränderungen – eines der beiden Hauptanliegen des NLP.

Kommunikation ist ein großer Teil dessen, was den Menschen ausmacht. Da sollte eine gute Kommunikation doch das Allerselbstverständlichste sein. Es scheint so einfach. Was sollte schon so schwierig daran sein, mit Menschen zu sprechen – muss man denn da eine Wissenschaft draus machen? Schließlich sprechen wir doch dauernd mit anderen Menschen.

Es stellt sich allerdings eine Frage: Ist unsere Art der Kommunikation auch wirklich effektiv? Erinnern Sie sich an den NLP-Grundsatz: »Die Bedeutung jeder Kommunikation liegt in ihrem Ergebnis«!

Wenn Sie bei Ihrer Kommunikation bessere Ergebnisse erzielen möchten, empfehlen wir Ihnen, sich einmal anzuschauen, was genau eigentlich abläuft, wenn Sie mit anderen Menschen sprechen.

Kommunikation (von lat. *communicare* »mitteilen«) ist im weitesten Sinn der gegenseitige Austausch von Informationen. Diesem Austausch liegt die Vorstellung zugrunde, dass dabei Ideen, Gefühle, Gedanken, Vorstellungen und Sichtweisen ein Individuum verlassen und in ein anderes eintreten. Dies ist jedoch nur eine metaphorische Beschreibung für den Alltag. Kommunikation ist bei näherer Betrachtung ein sehr komplexes Phänomen und vielleicht der wichtigste Faktor, der den Menschen zum Menschen macht.

Was wir sagen, ist nie eindeutig

Was wir sagen, ist nie so eindeutig, wie wir gerne glauben möchten. Und wir möchten gerne glauben, dass wir uns völlig klar ausdrücken und dass die anderen uns einfach nicht verstehen wollen oder zu dumm sind. Dieser Glaube bringt uns aber nicht weiter. Gehen Sie lieber davon aus, dass Sie etwas ändern müssen, wenn jemand Sie nicht versteht.

Der erste Schritt besteht darin, dass Sie begreifen, wie Kommunikation tatsächlich abläuft. Kommunikation funktioniert nämlich anders, als wir intuitiv annehmen.

Es beginnt schon damit, dass in jeder Kommunikation verschiedene Botschaften mitschwingen – selbst wenn wir nur eine, scheinbar völlig klare Botschaft zu übermitteln glauben. In Wahrheit ist es jedoch geradezu eine Kunst, die Botschaft, die man wirklich vermitteln will, im Geist eines anderen Menschen entstehen zu lassen.

Das hat damit zu tun, dass wir zwar Botschaften aussenden wollen, es eigentlich aber nicht tun. Natürlich tun wir durchaus etwas – beispielsweise produzieren wir eine Folge von Wörtern, tragen einen bestimmten Gesichtsausdruck zur Schau, machen eine Geste. Doch was dann geschieht, ist nicht die Übertragung einer Botschaft. Wir lösen Reaktionen aus. Und umgekehrt: Wir hören Worte, sehen Mimik und Gestik – und konstruieren daraus eine Botschaft. Daher heißt die philosophische Richtung, die diesen Ansatz vertritt und an die sich NLP anlehnt, »Konstruktivismus«.

Es ist eine Tatsache: Die Bedeutung jeder Kommunikation liegt in ihrem Ergebnis!

Wenn wir kommunizieren, ist es deshalb von allergrößter Bedeutung, auf die Reaktionen des Gegenübers zu achten und die »Botschaft« zu modifizieren, anstatt sie nur zu wiederholen, wenn das gewünschte Ergebnis nicht eintritt. »Ich habe schon tausendmal gesagt …« sollte eigentlich ein deutlicher Hinweis darauf sein, dass die Kommunikation nicht effektiv war. Solange wir bei Missverständnissen den Fehler bei unseren Gesprächspartnern suchen, können wir Wiederholung für ein sinnvolles Prinzip halten. Wenn wir aber verstanden haben, dass wir nie eindeutige Informationen übermitteln können, wird klar, dass es wahrscheinlich viel sinnvoller ist, etwas an unserer Kommunikation zu verändern. Das entspricht dem zehnten Grundsatz des NLP: »Wenn etwas nicht funktioniert, probiere etwas anderes.«

Es gibt einen kleinen »Trick«, der Ihnen hilft, schon deutlich effektiver zu kommunizieren. Wenn Sie etwas sagen wollen, vor allem in emotional aufgeladenen Situationen, fragen Sie sich, bevor Sie zu sprechen ansetzen: »Erreiche ich mit dem, was ich sage, das, was ich erreichen will?« Diese kleine Reflexion macht einen riesigen Unterschied!

PRA

Die Botschaften

Um es systematisch anzugehen, ist die folgende Abbildung hilfreich: der »Kommunikationsball«.

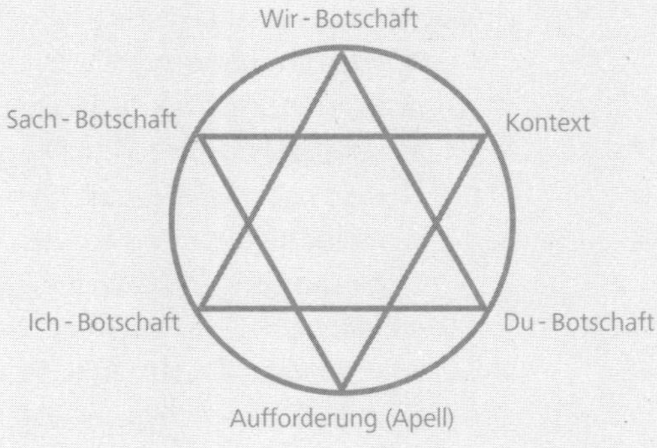

Der »Kommunikationsball«

Da gibt es schon einmal drei personale Botschaften:

- Die Ich-Botschaft: Das empfinde ich!
- Die Du-Botschaft: So sehe ich dich!
- Die Wir-Botschaft: So sehe ich unsere Beziehung!

Und dann gibt es auch noch drei überpersönliche Botschaften:

- Die Sachbotschaft: Ich sehe es so!
- Der Kontext: die Situation
- Der Appell: Ich möchte, dass du das tust!

Stellen Sie sich vor, es wird Abend und bald Zeit für Ihr Kind, ins Bett zu gehen. Sie gehen ins Kinderzimmer. Dort herrscht, entgegen den Vereinbarungen mit Ihrem Kind, völliges Chaos. Und Sie sagen: »Das Kinderzimmer ist noch nicht aufgeräumt.«
Wenn Ihr Kind dann antwortet: »Aha«, wären Sie wahrscheinlich ein bisschen sauer. Wenn Sie den Kommunikationsball ansehen, merken Sie, was passiert sein kann. Sie wollten einen Appell kommunizieren: »Räum dein Zimmer auf!« Doch wenn Sie sagen: »Das Kinderzimmer ist noch nicht aufgeräumt«, dann können daraus viele andere Botschaften abgeleitet werden. Ihr Kind könnte hören:

- »Das Zimmer ist nicht aufgeräumt.« (Sachbotschaft)
- »Ich bin ärgerlich.« (Ich-Botschaft)
- »Du bist unordentlich.« (Du-Botschaft)
- »Wir haben ein Problem miteinander.« (Wir-Botschaft)
- »Es ist Abend. Es besteht die Vereinbarung, das Zimmer vor dem Zubettgehen aufzuräumen.« (Kontext)

und ja, tatsächlich auch:

- »Räum das Zimmer auf!« (Appell)

In unserem Beispiel wird Ihr Kind den Appell wahrscheinlich sofort verstehen. Doch das ist – vor allem bei einer komplexen Botschaft – keineswegs selbstverständlich.

Effektiver kommunizieren

Sie können es sich und Ihren Gesprächspartnern leichter machen, wenn Sie ein wenig mehr darauf achten, was Sie wirklich vermitteln wollen. Und dazu ist es gut, wenn Sie sich auf Ich-Botschaften konzentrieren.

»Räum das Zimmer auf!« ist ein Appell. Somit scheint die Aussage doch klar genug zu sein. Ist sie aber nicht. Denn in dem Appell schwingt meist mehr mit. Zumindest, wenn Sie und Ihr Kind keine Roboter sind. Denn wahrscheinlich Sie sind ja schon ein bisschen genervt, dass das Zimmer nicht aufgeräumt ist – aber Sie lieben Ihr Kind und fühlen sich mit ihm verbunden. Die Ich-, Du- und Wir-Botschaften, die in dem Appell stecken sollten, wären also: »Ich ärgere mich, dass das Zimmer nicht aufgeräumt ist – natürlich hab' ich dich trotzdem lieb und wir verstehen uns gut.«

»Ein bisschen umständlich«, denken Sie vielleicht.

Aber wie viel umständlicher wird es, wenn Sie meinen, das sei alles selbstverständlich und der Appell müsse reichen – Ihr Kind aber hört: »Räum dein Zimmer auf – ich bin böse auf dich; du bist faul und ich hab dich nicht lieb, wenn du nicht machst, was ich sage. Ich verstehe dich nicht!«

In jeder Gesprächssituation ist es am besten, wenn Sie authentisch sind. Nur so haben Sie überhaupt die Möglichkeit, verstanden zu werden. Und wenn Sie wissen, dass es Missverständnisse geben kann und wie sie zustande kommen, wird es Ihnen sicher leichter fallen, solche Missverständnisse zu erkennen und auszuräumen.

DEF

Authentisch sein bedeutet, »echt« sein. Das heißt, sich nicht zu verstellen und eine Rolle zu spielen. In der Gesprächspsychotherapie von Carl Rogers ist die »Echtheit« des Therapeuten eine der drei notwendigen Bedingungen für das Wachstum des Klienten. Die anderen beiden sind »unbedingte Wertschätzung« und »einfühlendes Verstehen«.

Rapport herstellen

»Rapport herstellen« bedeutet, mit anderen Menschen »auf eine Wellenlänge« zu kommen. So wie Sie bei einem die richtige Wellenlänge Ihres Empfängers einstellen müssen, um einen bestimmten Sender »reinzukriegen«, so müssen Sie sich mit Ihrer Kommunikation auf Ihren Gesprächspartner einstellen, wenn Sie einen guten Empfang haben wollen. Und wenn Sie der Sender sind? Dann müssen Sie auf die Wellenlänge gehen, die Ihr Kommunikationspartner eingestellt hat. So halten Sie immer die Fäden in der Hand. Es ist überraschend, wie viel Kommunikation ineffektiv ist. Menschen sprechen miteinander, doch keiner gewinnt dabei sonderlich viel. 90 Prozent der Zeit reden Menschen aneinander vorbei.

Falsch verbunden?

Auf der praktischen Ebene gibt es ein paar Möglichkeiten, jede Kommunikation ohne große Kenntnisse und ohne großen Aufwand zu vertiefen und zu erleichtern. Das sind ganz einfache Dinge, die Ihnen, Ihrer Familie und überhaupt jeder menschlichen Beziehung – beruflich und privat – guttun.

1. Aussprechen lassen.

Was als alte Höflichkeitsregel daherkommt, ist in Wahrheit viel mehr. Es ist nicht nur höflich, jemanden aussprechen zu lassen,

sondern es ist eine grundlegende Voraussetzung dafür, den anderen zu verstehen. Es erleichtert das gegenseitige Verständnis und spiegelt Ihre Wertschätzung der Person, mit der Sie sprechen – ob das nun Ihr Geschäftspartner, Ihr Lebenspartner oder Ihr Kind ist.
Jeder Mensch, der etwas sagt, informiert nicht nur, sondern offenbart einen Teil seiner Person. Jeder, der etwas sagt, will in der Regel irgendetwas ausdrücken. Das kann in den Worten enthalten sein, aber auch im Ton, in der Mimik, in der begleitenden Körpersprache. Aber das Wichtigste ist eben, dass der Sprecher – ganz gleich, was ihn bewegt und was er mitteilen will –vor allem eines will: gehört werden.

Allein dadurch, dass Sie Ihr Gegenüber immer ausreden lassen, werden Sie es in ethisch einwandfreier Weise positiv beeinflussen. Wenn jemand aussprechen kann, muss er nicht laut, wütend oder aggressiv werden, sich schmollend zurückziehen oder sich unwichtig fühlen.

Die Regel, sein Gegenüber ausreden zu lassen, sollten Sie zu einer Lebensregel machen. Lassen Sie andere Menschen aussprechen.
Nicht zuletzt ist Sprechen auch eine Form des Denkens. Oft formen sich die Gedanken erst während des Sprechens. Für introvertierte Personen, die den Gedankenteil ganz ins Innere verlagern, ist das manchmal schwer zu verstehen – obwohl selbst sehr introvertierte Menschen sich oft erst dann ganz klar über das werden, was sie sagen wollen, wenn sie es tatsächlich aussprechen. Bei extrovertierten Menschen ist Sprechen hingegen immer auch ein ganz wichtiger Teil des Überlegens. Lassen Sie diesen Weg bei Ihrem Gesprächspartner zu, auch wenn Sie selbst der Überzeugung sind, dass »erst denken – dann reden« die bessere Strategie ist.
Wenn Sie Ihren Gesprächspartner beim Sprechen unterbrechen, kratzen Sie nicht nur sein Selbstwertgefühl an, sondern stören auch seine Denkvorgänge.

2. Zuhören.
Es ist ein ganz wichtiger Schritt, jemanden aussprechen zu lassen. Aber das ist noch nicht dasselbe wie ihr oder ihm zuzuhören.
Beobachten Sie sich einmal selbst, wenn Sie mit jemandem sprechen. Gut, Sie sind ein höflicher Mensch und unterbrechen den anderen nicht. Aber hören Sie wirklich ganz und gar zu, was der andere sagt? Oder überlegen Sie, während er redet, was Sie selbst als Nächstes vorbringen werden? Denken Sie über Gegenargumente nach oder daran, wie Sie den anderen überzeugen können? Oder denken Sie gar an etwas ganz anderes und hören nur mit »halbem Ohr« zu? Dann sollte Ihnen auch klar sein, dass Ihr Verständnis für den anderen darunter leidet.
Andersherum spüren es Menschen ganz genau, wenn man ihnen wirklich zuhört. Schon deshalb, weil das Gegenteil leider der Normalfall ist.

PRA

Probieren Sie einmal aus, was geschieht, wenn Sie wirklich ganz und gar zuhören. Nehmen Sie sich zurück, entspannen Sie sich und folgen Sie Ihrem Partner oder Ihrem Kind auf seinen vielleicht verschlungenen Gedankenpfaden. Eventuell tauchen da ganz überraschende Einsichten auf.
Eines aber wird ziemlich sicher geschehen: Ihr Gesprächspartner wird sehr positiv reagieren. Dass einem jemand wirklich zuhört, ist so ungewöhnlich, dass es wie eine seelische Umarmung wirkt.

Echtes Zuhören hat Nebeneffekte: Sie werden mehr verstehen. Ihr Gesprächspartner wird entspannter werden und dem, was Sie dann sagen, viel offener gegenüberstehen. Und er wird weit eher in der Lage sein, Ihnen auch zuzuhören.

3. Wiedergeben, was gesagt wurde.

Während die ersten beiden Dinge, das Aussprechenlassen und das Zuhören, jede Kommunikation verbessern, geht es nun um ganz effektive, teilweise sogar therapeutische Kommunikation. Die Wirkungen können erstaunlich sein!

Wiedergeben, was der andere sagt, nennt man im NLP auch **Spiegeln** oder **Pacing**). Natürlich wiederholen Sie dabei nicht einfach einen Satz Ihres Gesprächspartners. Sie geben wieder, was Sie verstanden haben. Das kann im Idealfall ein wenig mehr sein als das in den Worten Gesagte; dann löst es ein intensives Gefühl des Verstandenseins aus, das das Selbstverständnis fördert.

Spiegeln oder Pacing bedeutet im NLP, sprachliches und körpersprachliches Verhalten des Gesprächspartners teilweise zu übernehmen – um dadurch zu kommunizieren, dass man seine Perspektive einnimmt und ihn versteht.

NLP

Doch selbst dann, wenn das »Gespiegelte« nicht den ganzen Inhalt oder auch nur das Wesentliche wiedergibt, so ist es doch immer ein Signal:

- »Man hat mir zugehört!«
- »Ich bin – zumindest teilweise – verstanden worden!«
- »Ich habe die Möglichkeit, mehr Klarheit zu schaffen!«
- »Mir steht jemand gegenüber, der mir wohlgesonnen ist!«

Diese Signale helfen nicht nur, besser verstanden zu werden. Sie helfen auch, andere und sich selbst besser zu verstehen. Wenn Sie zuhören, spiegeln und zeigen, dass Sie jemanden verstehen, helfen Sie ihm bei der »Selbstexploration«, also beim Erkunden des eigenen Selbst. Vor allem für Kinder und in therapeutischen Situationen ist das wichtig. Das Spiegelbild erlaubt erst, sich so zu sehen, wie man von außen wahrgenommen wird. Dann fällt es viel leichter, sich selbst zu sehen – und positive Veränderungen vorzunehmen.

Probieren Sie doch einmal aus, was geschieht, wenn Sie die Menschen spiegeln, mit denen Sie sprechen. Achten Sie dabei auf

- das Sprechtempo: Versuchen Sie, in derselben Geschwindigkeit zu sprechen.
- die Körperhaltung: Versuchen Sie, eine ähnliche Körperhaltung einzunehmen.
- den Inhalt der Sprache: Versuchen Sie, das, was Ihr Gesprächspartner gesagt hat, mit Ihren eigenen Worten wiederzugeben.

Sie werden bemerken, dass Ihnen Ihre Gesprächspartner viel schneller und deutlicher Vertrauen entgegenbringen. Kein Wunder, denn während Sie **spiegeln**, versuchen Sie ja, sich in Ihr Gegenüber einzufühlen. Tatsächlich werden Sie dabei spüren, dass Sie Ihren Gesprächspartner besser verstehen.
ACHTUNG: Übertreiben Sie jedoch nicht! Übertriebenes Spiegeln wird als Nachäffen empfunden und führt zu einem Abbruch des Rapports.

Freunde gewinnen

Jeder Mensch braucht Menschen, denen er nahesteht. Die Familie kann Freunde nur zum Teil ersetzen. Die Familiemitglieder kennen uns oft schon unser ganzes Leben lang und sind uns verbunden.

Aber diese Art von Verbundenheit ist nicht dasselbe wie Freundschaft. Manchmal ist es ja leider so, dass wir gerade mit Familienmitgliedern Probleme haben und uns unverstanden fühlen. Meist sind jedoch zumindest einzelne Mitglieder der Familie fast wie Freunde füreinander. Aber das ist etwas Zusätzliches. Jemanden lange zu kennen, begründet eben noch keine Freundschaft. Wenn wir über Freunde sprechen, meinen wir andererseits auch nicht Leute, die wir bei Facebook als »Freunde« anklicken. Niemand hat hundert oder gar tausend richtige Freunde.
Um überhaupt zu wissen, wer Ihr Freund und wer nur ein Bekannter ist, müssen Sie zu etwas ganz Banalem fähig sein: nämlich Freunde und Bekannte auseinanderhalten können! Natürlich ist jeder Mensch ein Einzelstück und etwas ganz Besonderes. Doch Sie sollten dabei mindestens sieben Gruppen unterscheiden können:

Beziehung	**Eigenschaften**
Unbekannte	?
Entfernte Bekannte	Menschen, die Sie wenigstens ein Mal gesehen oder Unverbindliches mit ihnen gesprochen haben.
Bekannte	Menschen, die Sie öfter sehen und mit denen Sie ansatzweise auch über persönliche Dinge gesprochen haben
Gute Bekannte	Menschen, mit denen Sie etwas gemeinsam haben und mit denen Sie auch über persönliche Dinge sprechen
Verbundene Menschen	Menschen, mit denen Sie persönlich eng verbunden sind und die Sie lange kennen. Dazu gehören meist Familienmitglieder. Verbundene Menschen können einem auch in einer Hassliebe verbunden sein.

Beziehung	Eigenschaften
Freunde	Menschen, mit denen Sie viel gemeinsam haben, die Sie trotz Ihrer negativen Aspekte mögen, die Ihnen vertrauen und denen Sie vertrauen. Es gibt keine Hierarchie in der Freundschaft.
Herzensfreunde	»Auserwählte«, die eine wichtige Rolle in Ihrem Leben spielen, denen Sie voll vertrauen können und die auch Ihre intimsten Geheimnisse kennen.

Jede Gruppe hat eine Funktion in Ihrem Leben – aber die Funktionen sind unterschiedlich. Es ist wichtig, diese verschiedenen Arten von Beziehungen klar auseinanderhalten zu können und sie nicht zu verwechseln.

EXP

Suchen Sie sich eine Referenz für die verschiedenen Formen der Beziehung. Versuchen Sie, die Unterschiede in den Submodalitäten aufzuspüren. Dadurch wird Ihre Wahrnehmung der Dinge, die eine echte Freundschaft ausmachen, viel klarer – auch das hilft dabei, leichter Freundschaften zu schließen. Vor allem aber ist es auch sehr nützlich, um falsche Freunde zu erkennen!

Die Unterscheidungsfähigkeit ist wichtig. Wenn Sie beispielsweise losen Bekanntschaften Intimitäten anvertrauen, ist es nicht unbedingt wahrscheinlich, dass diese dadurch zu Freunden werden. Wahrscheinlicher ist, dass Sie aufdringlich und distanzlos wirken und dadurch keine neuen Freunde gewinnen. Und die Freunde, die Sie haben, werden sich auswechselbar vorkommen, wenn sie von Ihnen nicht anders behandelt werden, als Menschen, die Sie gerade erst kennengelernt haben.

Untersuchen Sie einmal Ihre Beziehungen zu anderen Menschen im Hinblick darauf, zu welcher der oben stehenden Gruppen sie gehören.

Wie Sie Freunde gewinnen und behalten

Um mit Menschen gut zurechtzukommen, müssen Sie sich nicht verbiegen. Schon gar nicht, wenn es um Freunde geht. Die Haupteigenschaft eines Freundes ist ja gerade, dass Sie in seiner Gegenwart keine Rolle zu spielen brauchen. Ein Freund mag Sie um Ihrer selbst willen und schätzt Sie mitsamt Ihren Fehlern.

Vielleicht stimmen Sie zu, dass ein Freund so sein sollte. Aber gerade das ist möglicherweise das Problem: Sie haben das Gefühl, dass niemand Sie um Ihrer selbst willen mag. Möglicherweise glauben Sie sogar, andere Menschen würden sich von Ihnen zurückziehen, wenn Sie sich so zeigten, wie Sie wirklich sind. Erstaunlich viele Menschen fühlen sich einsam. Ungewollte Einsamkeit ist qualvoll, denn Beziehungen zu anderen Menschen zu haben, ist ein Grundbedürfnis. Es ist sogar das einzige Grundbedürfnis, das erwachsene Menschen nicht selbst befriedigen können!

Warum sind Menschen einsam?

- Das Verhalten: Manche Menschen signalisieren sprachlich und körpersprachlich, dass sie keine Nähe zulassen wollen. Das ist natürlich immer nur ein Teil eines Menschen – andere Teile seiner Persönlichkeit leiden unter der Einsamkeit.
- Die Umstände: Wer in einer Wüste ausgesetzt wurde, ist natürlich einsam. Diese »Wüste« kann aber auch ein Wohnsilo in einer großen Stadt sein. Wenn es an Gelegenheit mangelt, Menschen kennenzulernen, ist die Gefahr der Einsamkeit groß.

Das ist ja alles leicht zu verstehen. Darauf wären Sie sicher selbst auch gekommen. Aber was kann man denn nun tun, um aus seiner Einsamkeit herauszukommen? Oder, wenn man nun nicht gerade einsam ist: Wie schließt man leichter Kontakt mit Menschen? Das ist natürlich der erste Schritt, um Freunde zu finden.
Eins dürfte klar sein: In einer dunklen Kammer zu sitzen und abzuwarten, bis Menschen auftauchen, die Ihre Freunde sein wollen, wird nicht funktionieren. Sie müssen handeln, wenn Sie Menschen kennenlernen und Freunde finden wollen. Und immer gilt dabei der zehnte **Grundsatz des NLP**: Wenn etwas nicht funktioniert, probiere etwas anderes!
Wenn Sie mit dem, was Sie bisher versucht haben, keinen Erfolg hatten, sagen Sie sich diesen Grundsatz noch einmal vor. Und probieren Sie dann auch tatsächlich etwas anderes.
Herzensfreunde verstehen sich manchmal so gut, dass sie nicht vieler Worte bedürfen. Viele Worte braucht es ohnehin nie. Doch um eine Freundschaft zu schließen und sie zu erhalten, muss man regelmäßig miteinander kommunizieren. Ist das selbstverständlich? Wenn es für Sie selbstverständlich ist –wunderbar! Manchen Menschen, insbesondere wenn sie einsam sind, ist das jedoch nicht so klar. Sie warten darauf, dass man sie anspricht und sie liebt – aufgrund ihrer inneren Werte. Die sieht aber niemand. Und es kommt auch niemand zu einem Unbekannten und bittet ihn um seine Freundschaft. Bevor sich ein guter Kontakt ergibt, ist es also erst einmal nötig, überhaupt Kontakt aufzunehmen. Die Wahrscheinlichkeit für den Aufbau einer guten Beziehung steigt, wenn es Gemeinsamkeiten gibt. Auch das ist eigentlich eine Plattitüde. Doch wir hatten einige Klienten, die in Bars, Kneipen und Diskotheken verzweifelt nach echten Freunden oder einer Beziehung suchten. Vergebens. Denn um an solchen Orten Freunde zu finden, muss man bereits ein sehr extrovertierter Mensch sein.

DEF

Extrovertiert heißt »nach außen gewandt«. Die Begriffe »Extroversion« und »Introversion« wurden von C.G. Jung geprägt, und die damit bezeichneten Eigenschaften gelten als wichtige Merkmale der Persönlichkeit. Extrovertierte Menschen sind gesprächig, bestimmt, aktiv, energisch, dominant, enthusiastisch und abenteuerlustig. Das Gegenteil von extrovertiert ist introvertiert. Introvertierte Menschen sind eher ruhig, zurückhaltend, passiv und vorsichtig.

Doch ob extrovertiert oder introvertiert: Kommunikation gehört immer zum Menschen, und wenn man einen guten Draht zu anderen Menschen haben will, tut man gut daran, ein paar »Regeln« zu beherzigen. Die wichtigsten »Regeln« wollen wir Ihnen nun kurz vorstellen.

Sechs Grundsätze für guten Kontakt

Eigentlich geht es hier ja um Freunde. Aber im Grund ist jeder Mensch ein möglicher Freund. Na gut, ein paar können Sie vielleicht schon von vornherein ausschließen. Aber nicht viele. Ein wirklich guter Freund ist eine Rarität. Und daher ist es prinzipiell sinnvoll, einen guten Draht zu möglichst vielen Menschen zu haben. Sie wissen ja nicht, ob nicht vielleicht Ihr zukünftiger bester Freund dabei ist …

NLP

Was Sie beliebt macht

- Schließen Sie Freundschaft mit sich selbst.
- Bleiben Sie dran, ohne zu klammern.
- Zeigen Sie, was Sie zu bieten haben.
- Vermitteln Sie anderen gute Gefühle.
- Kultivieren Sie Zuhören und Verstehen.
- Seien Sie Sie selbst!

1. Schließen Sie Freundschaft mit sich selbst.

Das ist so wichtig, dass es an erster Stelle steht. Wer sich selbst nicht ausstehen kann, wird es auch bei anderen Menschen immer schwer haben. Wenn einschränkende Glaubenssätze Sie einsam machen, löschen Sie die Glaubenssätze mit dem ABC (Seiten 117, 120).

2. Bleiben Sie dran, ohne zu klammern.

Warten Sie nicht ab, bis sich jemand, mit dem Sie sich gut verstehen, meldet. Melden Sie sich zuerst! Damit zeigen Sie Interesse – und jemanden, der an einem interessiert ist, findet man in der Regel sympathischer, als jemanden, der Desinteresse zeigt. Das Gegenteil, nämlich zu klammern und sich ständig aufzudrängen, ist allerdings auch nicht besser.

3. Zeigen Sie, was Sie zu bieten haben.

Es klingt etwas brutal: Aber eine Freundschaft ist immer auch ein »Tauschgeschäft«. Menschen mit Witz, Macht, Ruhm, Attraktivität und Geld haben es leichter – allerdings tun sie sich schwerer damit, herauszufinden, ob Menschen an ihnen oder an ihrer Macht, ihrem Ruhm oder ihrem Geld interessiert sind. Ganz bestimmt haben Sie etwas zu bieten: Ihre Persönlichkeit. Die sollten Sie auch zeigen. Denn wenn Sie sich verstellen, ziehen Sie vielleicht Menschen an, die gar nicht auf Ihrer Wellenlänge liegen.

PRA

Überlegen Sie einmal, was eine Freundschaft mit Ihnen erstrebenswert erscheinen lassen könnte. Das ist nicht nur eine wichtige Übung für Ihre Selbsterkenntnis, sondern kann auch zu einer kraftvollen Motivation für Ihr inneres Wachstum werden.

4. Vermitteln Sie anderen gute Gefühle.

Menschen, die anderen ein gutes Gefühl geben, haben es sehr leicht, Freunde zu finden. Um anderen gute Gefühle vermitteln zu können, ist es wichtig,

- sich selbst zu mögen,
- das Gute in den Dingen zu sehen,
- Anerkennung zu zeigen (differenziertes Lob und Komplimente),
- gelassen zu sein.

5. Kultivieren Sie Zuhören und Verstehen.

Beide bilden den Kern jeder guten Beziehung. Natürlich tragen diese beiden Fähigkeiten auch zu den oben angesprochenen guten Gefühlen bei. Hören Sie zu, während jemand spricht. Versuchen Sie, Ihre Gesprächspartner wirklich zu verstehen, indem Sie das Prinzip der **Positiven Absicht** (Seite 37ff.) im Sinn behalten: Jedem Verhalten liegt eine positive Absicht zugrunde!

> Nehmen Sie sich für jeden Tag vor, wenigstens einem Menschen wirklich zuzuhören, zu versuchen, ihn zu verstehen und ihm gute Gefühle zu vermitteln. Wenden Sie die 6 »Regeln« in Ihrem Alltag an!

6. Seien Sie Sie selbst!

Menschen, die sich einsam fühlen, begehen oft einen grundlegenden Fehler: Ihnen ist klar, dass sie etwas ändern müssen – möglicherweise sich selbst. Das ist prinzipiell natürlich gut. Doch anstatt eine wirkliche Veränderung in Gang zu setzen, versuchen sie, unterschiedliche Rollen zu spielen. Wer gut darin ist, Rollen zu spielen, wird vielleicht viele Menschen dazu bringen, ihn ihren »Freund« zu nennen. Doch wessen Freund sind diese Menschen, wenn der Freund nur als »Rollenspiel« existiert? Wenn Sie wirkliche Freunde haben wollen, müssen Sie Sie selbst sein. Wenn Sie keine Rollen mehr spielen, werden Sie sehen, wie unnötig die Schau-Spielerei war. Andere Menschen spüren es, wenn Sie »echt« sind – und das macht Sie sympathisch. Wenn Sie »echt« sind, können Sie auch »Nein« sagen. Dadurch vermeiden Sie, dass Menschen Sie manipulieren und ausnutzen, indem Sie an Ihre Freundschaft appellieren. Wie immer im NLP: Das, was Sie tun, sollte Ihre Wahlmöglichkeiten vergrößern und Sie freier machen. Sie können und sollten natürlich weiterhin Freunden mit Rat, Zuhören und Hilfe zur Seite stehen – aber eben nur, wenn Sie es tatsächlich wollen, nicht, weil Sie sich damit Freundschaft erkaufen wollen!

Sie haben vielleicht gesehen, dass Sie am Anfang und am Ende dieser Tipps standen: Schließen Sie Freundschaft mit sich selbst und seien Sie dann Sie selbst. Sie sind das A und O!

Mit sich selbst kommunizieren

Bei »Kommunikation« denken wir in der Regel erst einmal an Gespräche mit anderen Menschen. Sie wissen aber schon mehr. Im Kapitel »Wachstum« (ab Seite 133) haben Sie schon erfahren, wie sinnvoll es sein kann, bewusst mit sich selbst zu sprechen. Vielleicht haben Sie inzwischen schon mit einigen Ihrer inneren Persönlichkeiten Kontakt aufgenommen und deren positive Absichten erfahren.

Die Kommunikation mit sich selbst ist ein kraftvoller Problemlöser. Kein Wunder. Schließlich ist es ja klar, dass Sie viel effektiver und gelassener handeln, wenn möglichst viele Ihrer Motive Sie in eine Richtung bewegen.

Sie haben auch schon erfahren, wie wichtig es für die Kommunikation mit anderen Menschen ist, man selbst zu sein und Freundschaft mit sich selbst zu schließen. Und da Freundschaft durch Kommunikation entsteht, entsteht Freundschaft mit sich selbst durch innere Kommunikation!

Wiederholung: Was wichtig ist

Alles, was Sie für eine gute innere Kommunikation brauchen, haben Sie bereits kennengelernt. Deshalb fassen wir es nur noch einmal kurz zusammen:

1. Achtsamkeit (Seite 68ff.).

   Bevor Sie etwas verändern, müssen Sie sehen, was ist – ohne es festzuhalten, zu bewerten und zu beurteilen. Das Konzentrieren, Bewerten und Verändern kommt danach.

2. Zuhören und Verstehen.

   Für Ihre inneren Persönlichkeiten gilt genau dasselbe, was auch für äußere Gesprächspartner gilt: Das Wichtigste ist, erst einmal zuzuhören, aussprechen zu lassen und zumindest versuchen zu verstehen.

3. Die positive Absicht herausfinden.

   Eine **Grundannahme des NLP** lautet: »Jedes Verhalten hat eine **positive Absicht**« (Seite 37ff.). Das hilft Ihnen, andere Menschen zu verstehen. Sie können sogar jemanden verstehen, mit dem Sie gar nicht übereinstimmen und dessen Absichten Ihren eigenen positiven Absichten widersprechen. Doch bei der Kommunikation mit Ihren **Subpersönlichkeiten** müssen Sie nicht einmal diese Hürde überwinden. Sie wissen mit Sicherheit, dass Ihre inneren Persönlichkeiten das Beste für Sie im Sinn haben.

4. Echtheit.

   Echtheit oder Authentizität (Seite 164) ist immer gut. In der Kommunikation mit anderen Menschen tauchen aber manchmal Bedenken auf: »Wird von mir nicht erwartet, dass ich eine Rolle spiele?« Die innere Kommunikation führt dieses Problem ad absurdum: Denn wem wollten Sie denn eine Rolle vorspielen? Nur sich selbst – und diese Rolle haben Sie schnell durchschaut!

5. Offenheit und Toleranz.

   Ob dies in Ihrem Alltagsleben nun Werte sind oder nicht: Für die innere Kommunikation sind sie essenziell. Wenn Sie sich selbst gegenüber nicht offen sind, ist das »Unternehmen inneres Wachstum« zum Scheitern verurteilt. Dasselbe gilt für Toleranz. Wenn Sie sich selbst nicht tolerieren können, liegen Sie im Kampf mit sich selbst. Das richtet Ihre Energien nicht auf Ihre Ziele, sondern gegen sich selbst. Gerade, wenn Sie Verhaltensweisen verändern wollen, sind Offenheit und Toleranz wichtig, um Zugang zu sich selbst zu bekommen.

DEF

Toleranz (von lat. *tolerare* »erdulden«), ist allgemein ein Geltenlassen und Gewährenlassen fremder Überzeugungen. Dabei ist Toleranz deutlich von Gleichgültigkeit zu unterscheiden. Tolerant kann man nur gegenüber Handlungen und Menschen sein, die einem nicht gleichgültig sind. Ein weiterer wichtiger Unterschied besteht zwischen »Toleranz« und »Akzeptanz«. Etwas zu dulden, bedeutet noch lange nicht, es gutzuheißen.

Der innere Freund

Es gibt eine ganz besondere innere Persönlichkeit, die Sie unbedingt näher kennenlernen sollten: den **Inneren Freund**.

Der Innere Freund ist der Teil von Ihnen, der Sie uneingeschränkt, mit all Ihren Schwächen, akzeptiert und stets das Positive in Ihnen zum Vorschein bringt. Uneingeschränkt heißt: ohne wenn und aber. Es gibt einen Teil in Ihnen, der Sie gut findet, ganz gleich, was Sie anstellen. Er bewertet und beurteilt nicht: Er steht Ihnen innerlich zur Seite. Er steht Ihnen so nahe, wie es kein anderer Mensch könnte. Denn er ist ja Sie!

Wenn die Stimme Ihres Inneren Freundes zu leise ist, wird Ihr Selbstwertgefühl nicht besonders stabil sein. Der Innere Freund ist aber ein wirklicher Freund: Er lässt uns nicht überheblich werden, schmeichelt nicht, hebt unser Ego nicht in unendliche Höhen. Er ist das, was einen Freund wirklich ausmacht: Er ist einfach da, liebevoll und bedingungslos.

Die Stimme Ihres Inneren Freundes erkennen Sie besonders gut dann, wenn Sie mit sich selbst nicht zufrieden sind. Wenn Sie dann versuchen, positive innere Stimmen zu vernehmen, hören Sie möglicherweise verschiedene. Eine davon sagt vielleicht: »Nein, du kannst mit dir zufrieden sein! Du bist ein Super-Typ!«, oder eine andere: »Das war sowieso nicht wichtig. Du hast alles richtig gemacht!« Diese Stimmen schützen das Selbstbild. Aber sie sind nicht die Stimmen des Inneren Freundes. Dessen Stimme ist leiser. Wenn Sie erst einmal gelernt haben, sie wahrzunehmen, werden Sie sie nicht mehr überhören können und wollen. Sie sagt nur: »Es ist schon in Ordnung«, oder: »Ich bin bei dir.« Es geht weniger darum, was diese Stimme sagt, sondern viel mehr darum, wie sie es sagt. Sie ist voller Zuneigung und tiefster Sympathie.

Wenn Sie aufmerksam sind, werden Sie feststellen, dass unwillkürlich ein Lächeln auf Ihrem Gesicht erscheint, sobald Sie mit Ihrem Inneren Freund in Verbindung treten. Das können mitunter solche Glücksmomente sein, dass Ihnen gleichzeitig die Tränen kommen. Und das ist gut. Dann haben Sie eine Verbindung mit

Ihren tieferen Gefühlen hergestellt und Kontakt zu Ihrem Inneren Freund aufgenommen.

Lisa

Für Lisa war die Begegnung mit ihrer Inneren Freundin ein Wendepunkt in ihrem Leben: »Selbstvertrauen war eigentlich nie mein Problem. Also dachte ich: Was soll ich nach meiner Inneren Freundin suchen? Ich komme gut zurecht. Ich möchte eher mit meinen inneren Personen sprechen, die mich davon abhalten, meine Ziele zu erreichen. Ich habe meine ‚innere Managerin' kennengelernt und sie dabei unterstützt, mich anzutreiben, wenn ich in meinen Anstrengungen nachlasse. Bis ich einmal wirklich mit den Nerven fertig war. Ich habe in mir nach einem Punkt der Ruhe gesucht. Meine ‚Managerin' hat versucht, mich zu trösten: »Jetzt ruh' dich ein bisschen aus – und dann geht es mit neuer Kraft los.« Aber das ging an diesem Punkt nicht. Und dann habe ich eine ganz leise Stimme gehört. Es war mehr ein sehr stilles, aber klares Gefühl. Ich habe gespürt, dass ich das jetzt brauchte. Ich bin diesem Gefühl nachgegangen – und dann traf ich meine Innere Freundin. Dabei hat sie kaum mit Worten gesprochen, nur gesagt: ‚Komm her. Ich mag dich.' Und dann hat sie mich innerlich ‚in die Arme genommen'. Ich musste gleichzeitig lachen und weinen. Seitdem ist sie meine ständige Begleiterin. Sie ist nicht immer in meinem Bewusstsein. Doch sobald ich an sie denke, ist sie da – und erscheint als Lächeln auf meinem Gesicht …«

Die Innere Freundin oder der Innere Freund ist ein »Glücksanker«. Deswegen ist es gut, wenn Sie mit Ihrem Inneren Freund so bald wie möglich Bekanntschaft schließen. Wenn Sie sich erst einmal kennengelernt haben, kann Sie so leicht nichts mehr aus der Fassung bringen. Selbst wenn Sie am Verzweifeln sind: Ihr Innerer Freund wird Ihnen mit den positivsten Gefühlen zur Seite stehen und Sie vor dem Abrutschen in zu dunkle Gemütszustände bewahren.

Der **Innere Freund** ist jemand sehr Wichtiges: Durch ihn lernen Sie auch, wie es sich anfühlt, wenn man mit unbedingter Wertschätzung und Empathie behandelt wird – wie sich tiefe Freundschaft anfühlt.

Innere Dialoge sind die beste Möglichkeit, sich selbst kennenzulernen und zu wachsen. Wenn Sie mit sich selbst gut kommunizieren können, werden Sie sich selbst verstehen und schätzen lernen. Und das wiederum bildet die Grundlage befriedigender Beziehungen zu anderen Menschen.

Wir schlagen Ihnen vor, das Buch nun für eine Weile beiseitezulegen. Versuchen Sie, die Dinge, die Sie in diesem Kapitel erfahren haben, in Ihren Alltag zu bringen. Auch wenn Ihnen abstrakt alles einleuchtet – erst durch Ihr Handeln wird es Wirklichkeit.

Kapitel 7

Heilung – Angst, Unsicherheit und andere Gewohnheiten heilen

Gesundheit als Weg

Der natürliche Zustand unseres Körpers ist der Zustand, den wir als Gesundheit bezeichnen. In der mentalen Landkarte vieler Menschen ist die Gesundheit jedoch gar nicht verzeichnet! Wie kann das sein? Gesundheit ist dann eben nur die Abwesenheit von Krankheiten. Eine Medizin oder Psychologie, die sich ausschließlich darauf konzentriert, Schäden, Störungen oder Fehlfunktionen zu »reparieren«, ist sehr kurzsichtig.

Dass eine andere Sichtweise durchaus möglich ist, zeigt folgendes chinesisches Sprichwort: »Ein guter Arzt hat keine kranken Patienten.« Natürlich wäre ein solcher »guter Arzt« bei uns auf Arbeitslosenhilfe angewiesen, denn die meisten Menschen gehen nun einmal nur zum Arzt, um sich »reparieren« zu lassen. Effektiv ist das allerdings nicht.

Das wird deutlich, wenn wir uns einmal ansehen, was geschieht, wenn wir unsere Aufmerksamkeit auf Krankheit richten. Die Fixierung auf Krankheit führt zu Angst vor Krankheiten, Verspannungen und zu unbewussten Autosuggestionen, die Krankheiten eher förderlich sind. Wenn wir uns jedoch auf Gesundheit konzentrieren, führt das zu Lebensfreude, Entspannung und positiven Autosuggestionen, die das Immunsystem aktivieren und die Gesundheit fördern.

Sie dürfen sich eine von beiden Möglichkeiten aussuchen!

Natürlich ist es mit positivem Denken allein nicht getan. Es ist aber sehr wichtig, zu verstehen, dass es sinnvoll ist, den positiven Zustand »Gesundheit« direkt und bewusst wahrzunehmen und anzustreben. Wenn man immer erst eingreift, wenn das natürliche Gleichgewicht gestört ist, leidet man unnötig. Gesundheit ist nicht das Fehlen von Krankheiten, vielmehr ist Krankheit das Fehlen des gesunden Gleichgewichts. Zwischen diesen beiden Sichtweisen besteht ein großer Unterschied. Wenn Sie Ihren gesunden Gleichgewichtszustand als Aktivität auffassen, können Sie bereits kleinste Abweichungen von diesem Gleichgewicht wahrnehmen und entsprechend gegensteuern.

Nehmen Sie sich die Zeit, das Gefühl »Ich bin gesund« einmal genau zu betrachten. Lösen Sie es in seine **Submodalitäten** auf und probieren Sie, ob Sie dieses Gefühl durch kleine Veränderungen an den **Submodalitäten** vielleicht sogar noch verstärken können.

Mit NLP können Sie sehr viel dazu beitragen, Ihre Gesundheit und Ihr inneres Gleichgewicht zu bewahren – und natürlich auch sinnvoll handeln, wenn Sie doch einmal aus der Balance kommen. Und selbstverständlich geschieht das ständig: Gesundheit ist kein einmal fixierter Zustand, sondern eine Aktivität!

Sprechstunde mit dem Inneren Arzt

Wenn Sie nun tatsächlich gesundheitlich einmal deutlich aus dem Gleichgewicht geraten sind, sehen Sie die Krankheit vielleicht als einen Feind, der bekämpft werden muss. Was Sie zunächst einmal bekämpfen wollen, sind aber die Krankheitssymptome.

Es hat sich oft als sinnvoll erwiesen, die Symptome als Äußerungen des eigenen Körpers zu begreifen und ihnen – im Rahmen des Subpersönlichkeiten-Modells – eine **positive Absicht** zu unterstellen.

Und hier können Sie mit einer Methode ansetzen, die Sie ja schon in anderen Zusammenhängen kennengelernt haben: Führen Sie einen kreativen **inneren Dialog** mit den beteiligten **Subpersönlichkeiten**.

Es ist verständlich, wenn Sie unangenehme Krankheitssymptome einfach nur los sein wollen. Sie wollen sich ja vor allem wohlfühlen. Interessanterweise gelingt Ihnen das aber viel leichter, wenn Sie versuchen, die **positive Absicht** eines Symptoms zu klären – oft wird das Symptom schon allein dadurch überflüssig!

Symptom Dialog
Anwendung: Krankheitssymptome integrieren und damit überflüssig machen

1. **Subpersönlichkeiten** (SPs) benennen
2. SPs befragen
3. Nacheinander SPs aktivieren und antworten lassen
4. SPs **Ressourcen** austauschen lassen
5. Bei allen SPs nachfragen, ob sie mit Veränderungen einverstanden sind
6. SP-Gruppe als kooperationsbereite Einheit **ankern**

TEC

Wir wollen hier nicht den ganzen Prozess noch einmal in allen Einzelheiten erklären. Wenn Sie bisher immer wieder einmal Übungen ausprobiert haben, wissen Sie ja inzwischen bestimmt, wie es geht. Wenn nicht, dann sehen Sie noch einmal beim **Inneren Dialog** (Seite 145ff.) nach.
Mit dem Symptom Dialog können Sie mehr für sich erreichen, als nur ein lästiges Symptom loszuwerden: Sie können die **Positive Absicht** des Symptoms verstehen und dadurch mehr sinnvolle Handlungsmöglichkeiten gewinnen. Und Sie werden Ihr Symptom nicht unterdrücken, sondern Ihr Unterbewusstsein dazu anregen, mit seiner ganzen Kraft an den Wurzeln der Krankheit zu arbeiten.

Schmerzen umformen

Eine hervorragende Möglichkeit, Krankheitssymptome und Schmerzen kurzfristig umzuwandeln, bietet die Veränderung ihrer **Sub-**

modalitäten. Wenn nur ein Aspekt eines komplexen Zustands (beispielsweise Schmerz) verändert wird, verändert sich die gesamte Bewertung. Vor allem in der Schmerztherapie ist diese Methode erstaunlich erfolgreich.

TEC

Schmerz-Submodalitäten verändern
Anwendung: Schmerzen oder andere unangenehme Wahrnehmungen durch die Veränderung ihrer Submodalitäten umwandeln
1. Machen Sie sich ein genaues Bild von dem Zustand.
2. Verändern Sie einzelne Eigenschaften des Bilds.

Sicher kennen Sie diesen Ablauf prinzipiell schon gut. Wir fassen die Technik noch einmal kurz zusammen:

1. Machen Sie sich ein genaues Bild von dem Zustand.

Sie haben beispielsweise Kopfschmerzen. Setzen Sie sich hin, schließen Sie die Augen und nehmen Sie erst einmal achtsam wahr, wie sich der Kopfschmerz tatsächlich anfühlt. Dann sehen Sie genauer hin und suchen Sie nach den **Submodalitäten** in den verschiedenen **Repräsentationssystemen**. Stellen Sie sich dazu folgende Fragen:

- Welche »Farbe« hat der Schmerz?
- Welche »Form« hat der Schmerz; welcher Bereich genau ist betroffen?
- Welche »Struktur« hat der Schmerz? Fühlt sie sich »glatt« oder »rau« an?
- Ist der Schmerz »kalt« oder »warm«?
- Bewegt sich der Schmerz? Pulsiert er? Schneidet er? Zieht er?

Natürlich ist ein Schmerz nicht »wirklich« rot oder blau. Dass diese Submodalitäten aber dennoch vorhanden sind, spüren Sie, wenn

Sie verschiedene Farben vergleichen. Ihre Frage könnte also auch lauten: »Macht der Schmerz eher einen roten oder blauen Eindruck?« Das gilt auch für andere Submodalitäten. Je mehr Submodalitäten Sie untersuchen, desto klarer wird das Bild – und desto leichter können Sie dann Ihre Schmerzwahrnehmung verändern.

2. Verändern Sie einzelne Eigenschaften des Bildes.

Wenn Sie ein detailliertes Bild von Ihrem Schmerz visualisieren können, probieren Sie aus, was geschieht, wenn Sie einzelne Submodalitäten verändern. Fühlte sich der Schmerz »rau« an? Wie verändert er sich, wenn Sie Ihr inneres Bild vom Schmerz »glatt« machen? Wenn Sie es heller oder dunkler werden lassen? Und was geschieht, wenn Sie einmal die Farbe verändern? Es ist wie bei einem Turm aus Bauklötzchen – wenn Sie bestimmte Steine herausziehen, geschieht gar nichts. Bei anderen wackelt es. Und es kann sogar passieren, dass der ganze Turm in sich zusammenfällt. So kann es Ihnen auch mit Ihrem Schmerz ergehen, wenn Sie an der richtigen Eigenschaft »drehen«.

Durch das Verändern der Submodalitäten lassen sich Schmerzen nicht selten abschalten. Das ist es ja auch, was Sie wollen. Denken Sie aber bitte daran, dass Schmerz in der Regel ein Signal ist! Etwas ist nicht in Ordnung. Wenn Sie wissen was – gut: Dann können Sie an der Ursache arbeiten. Wenn Sie es nicht wissen, sollten Sie aber auf jeden Fall den Symptom Dialog durchführen. Und selbstverständlich sollten Sie bei chronischen Problemen einen Arzt aufsuchen und nicht etwa ständig die Symptome durch Veränderungen der Submodalitäten unterdrücken!

Symptome neu bewerten

Eine häufig im NLP eingesetzte Methode ist das **Reframing** (vgl. Seite 130) – etwas einen neuen Bezugsrahmen geben. Das Prinzip ist folgendes: Eine Situation, z. B. ein Muskelkater, wird dann als unangenehm empfunden, wenn die Bewertung negativ ist. Gelingt es, die Bewertung (nicht rational, sondern gefühlsmäßig!) zu verändern, wird die Situation als weniger negativ oder sogar als positiv empfunden: Statt den Muskelkater als Schmerz wahrzunehmen, können Sie ihn auch als Zeichen dafür sehen, dass die sportliche Betätigung Ihre Muskulatur tatsächlich effektiv beansprucht und gestärkt hat – und ihn dann beinahe genießen!

Im Grunde ist das Reframing ein Verändern der Submodalitäten (s. o.) auf einer übergeordneten Ebene; das innere Gesamtbild wird durch eine gefühlsmäßig stimmige Neuinterpretation verändert und damit auch die subjektive Wahrnehmung. Reframing ist eine Methode, die Kreativität erfordert. Ist jedoch erst einmal ein akzeptabler neuer Rahmen gefunden, kann eine sofortige, unmittelbare Veränderung eintreten.

Ein sinnvoller Einsatz des Reframing ist die Neuinterpretation von Krankheitssymptomen. Statt die Krankheit als lästiges Leiden zu betrachten, das bloß möglichst schnell beseitigt werden soll, ist es meist effektiver, die Symptome als Signale des Unterbewussten zu begreifen, das zu Veränderungen aufruft.

TEC

Symptom Reframing

Anwendung: Eine neue Perspektive in Bezug auf eine Krankheit gewinnen

Alter Rahmen	Reframing
Ich leide unter Symptom X.	Ich kann eine Botschaft meines Unterbewusstseins als Symptom X wahrnehmen!

Alter Rahmen	Reframing
Wegen Symptom X kann ich nicht …	Mein Unterbewusstsein bewahrt mich durch Symptom X vor …
Wenn ich Symptom X nicht hätte, wäre ich gesund und glücklich.	Mein Unterbewusstsein gibt mir durch Symptom X die Möglichkeit … Bekäme ich diese Botschaft nicht, würde mir das fehlen.
Ich muss mich behandeln lassen/ Medikamente einnehmen/mich einer Operation unterziehen, um Symptom X zum Verschwinden zu bringen.	Ich bin dankbar für die Botschaft Symptom X – sie gibt mir einen Hinweis darauf, wie ich mein Leben sinnvoller gestalten kann!

Die »Interpretation« von Krankheitssymptomen ist natürlich reine Spekulation. Doch darum geht es überhaupt nicht! Es ist zunächst einmal egal, ob die Interpretation stimmt oder nicht – sie muss nur subjektiv stimmig sein!

Ein verblüffendes Beispiel für die Wirksamkeit eines **Reframing** zeigte ein Klient, der unter starken Kopfschmerzen litt, bis er vom Reframing erfuhr und für seine Schmerzen eine neue Interpretation fand: »Da ist eine Stelle in meinem Kopf, an der gerade neue Ideen entstehen.« – Als er diesen neuen Rahmen gefunden hatte, verschwanden seine Kopfschmerzen augenblicklich!

Es kommt also nicht im Mindesten darauf an, dass die neue Interpretation rational und »wahr« ist, sondern nur darauf, dass Ihr Unterbewusstsein sie akzeptiert! Fühlt sich die Interpretation für Sie stimmig an, heißt das, dass alle Ihre **Subpersönlichkeiten** damit einverstanden sind. Und das wiederum bedeutet: Alle Ihre inneren Kräfte arbeiten daran, dass es Ihnen möglichst gut geht!

Den Anfängen wehren – Gewohnheiten überwinden

Eine Gewohnheit ist in der Regel ein sehr verwickelter geistiger Vorgang. Aber um welche Gewohnheit auch immer es sich handelt: Sie wird durch einen bestimmten Auslöser in Gang gebracht und läuft dann automatisch ab. Beispiele dafür sind die Zigarette nach dem Essen, der Beginn eines Streits auf ein bestimmtes Reizwort hin, der Griff zur Flasche bei Langeweile oder die Expedition zum Kühlschrank in der Fernseh-Werbepause.
NLP bietet Ihnen eine Möglichkeit, den Auslöser mit einem **Swish** ganz schnell zu verändern.

NLP

Swish: Eine von Richard Bandler entwickelte NLP-Technik, bei der zwei innere Bilder einander überlagern. Dabei werden die Submodalitäten der negativen Vorstellung auf ganzheitliche Weise verändert und damit der negative Gefühlszustand gelöscht.

TEC

Swish

Anwendung: Ungewollte Reaktionen verändern

1. Problem und Ziel klären (Wellformed Outcome)
2. Zielhandlung/Ressourcezustand assoziiert visualisieren
3. Bild komprimieren
4. Expandieren des komprimierten Ressourcezustands einüben
5. Problemzustand dissoziiert visualisieren
6. Swish (mindestens fünf Mal wiederholen)
7. Future Pace

1. Klären Sie Problem und Ziel

Bestimmen Sie Problem und Ziel nach dem Wellformed-Outcome-Schema (Seite 82). Das sollten Sie ja inzwischen im Schlaf beherrschen! Wenn nicht, wollen wir es Ihnen noch einmal ans Herz legen: Die klare Vorstellung eines Ziels ist ein großer Teil der Motivation und macht es wahrscheinlicher, dass Sie Ihr Ziel auch erreichen.

2. Visualisieren Sie die gewünschte Zielhandlung

Die Schwierigkeiten, die viele Menschen haben, wenn Sie versuchen, gewohnheitsmäßige Reaktionen zu verändern, entspringen zum Teil der Art und Weise, wie sich die Betreffenden eine Veränderung vorstellen. Häufig ist es so, dass die unerwünschte Verhaltensweise »einfach weg« soll. Wesentlich seltener wird der zweite notwendige Schritt unternommen: zu überlegen, was denn stattdessen geschehen soll!

Das ist keineswegs trivial – der Gedanke, dass etwas nicht geschehen soll, führt ganz automatisch dazu, dass gerade das, was vermieden werden soll, beharrlich den Geist beschäftigt. Überlegen Sie also, welche Reaktion den Platz der gewohnten einnehmen soll.

Wenn Sie wissen, was Sie tun wollen (und nicht nur, was Sie nicht tun wollen!), machen Sie sich ein inneres Bild (wie immer im weitesten Sinn). Versetzen Sie sich in dieses Bild, erleben Sie es assoziiert. Natürlich sollte das, was Sie an die Stelle des Gewohnten setzen wollen, etwas Angenehmes sein. Wenn Sie diese neue Reaktion (einen positiven Ressourcezustand) assoziiert erleben, werden Sie sich schon recht gut fühlen. Versuchen Sie nun, dies noch weiter zu verstärken, indem Sie die **Submodalitäten** verändern: Machen Sie das Bild heller, farbiger, größer … was immer auch dazu führt, dass Sie sich noch besser fühlen werden.

3. Komprimieren Sie Ihr positives Bild

Dieser und der folgende Schritt sind ganz besonders wichtig für den Erfolg des **Swish**. Nehmen Sie sich also ausreichend Zeit dafür! In diesem ersten Schritt ankern Sie das positive Bild mit allen positiven Ressourcen – aber auf eine besondere Art und Weise: Stellen Sie sich vor, wie das Bild auf Punktgröße schrumpft, zu einer »Energiekugel«, wie Sie diese Kugel in die Hand nehmen und Ihre Hand um diese konzentrierte positive Energie schließen. Sie setzen also einen kinästhetischen Anker.
Wiederholen Sie das ein paarmal und konzentrieren Sie sich so intensiv wie möglich auf diesen Vorgang.

4. Üben Sie das Expandieren

Nun erfahren Sie, was es mit dem »Swish« auf sich hat: Sie haben die »konzentrierte Energiekugel« in der geschlossenen Hand – nun versuchen Sie, das positive Bild blitzartig wieder zu expandieren und in Ihr Bewusstsein zurückzuholen. Sie öffnen also Ihre Hand und unterstützen die »Explosion des Energieballs« mit einem zischenden Geräusch – »Sssswischhh«! Klingt das etwas albern? Es hat aber eine wichtige Funktion. Das Swish-Geräusch ist nämlich ein sehr effektiver auditiver **Anker** für das Expandieren! Der **Swish** sollte also in Sekundenschnelle die neue Reaktion (den Ressourcezustand) in Ihrem Bewusstsein aktivieren.
Wiederholen Sie das so lange, bis Sie sicher sind, dass diese Expansion reibungslos funktioniert. In der Regel braucht man dafür etwa fünf Durchgänge. Bleiben Sie bei der Sache: Wenn Sie hier nachlässig sind, wird der Swish nicht vollständig wirken können.

5. Problemzustand dissoziiert visualisieren

Sie wollen ja eine gewohnte Reaktion verändern: Visualisieren Sie also jetzt diese Reaktion – diesmal allerdings dissoziiert, das heißt so, dass Sie sich selbst – sozusagen wie ein Beobachter – von außen sehen.

6. Swish

Nach all diesen Vorbereitungen werden Sie nun den **Swish** einsetzen.
Zunächst haben Sie noch Ihr »Problembild« (Ihre alte, gewohnte Reaktion) vor Ihrem inneren Auge. Machen Sie dieses Bild nun etwas dunkler.
Mit dem **»Swish«** rufen Sie jetzt den Ressourcezustand, die neue Reaktion, auf und überlagern das alte mit dem neuen, positiven Bild. Dabei gehen Sie in drei Schritten vor:

1. Sie schließen die Hand (aktivieren also den kinästhetischen **Anker**, der die »Energiekugel« in der Hand symbolisiert).
2. Sie öffnen Ihre Hand mit dem »Swish«-Geräusch und lassen den »Energieball« explodieren.
3. Die »Explosion« beginnt als heller Punkt in der Mitte des dunkleren Problembilds und überlagert dieses Bild in Sekundenschnelle.

Wiederholen Sie den **Swish** mindestens fünf Mal. Sie können bereits während der Übung feststellen, wie sich die Technik auswirkt: Mit jeder Wiederholung sollte Ihnen Ihr Problembild unwirklicher erscheinen, Sie werden es als immer weniger relevant für Ihr Leben ansehen und möglicherweise sogar Schwierigkeiten haben, sich Ihre gewohnte Reaktion vorzustellen.

7. Future pace

Wie immer sollten Sie auch hier einen Future Pace anschließen, um sich von der Effektivität der Technik zu überzeugen. Visualisieren Sie eine zukünftige Situation, in der Sie früher Ihre gewohnte Reaktion gezeigt hätten und beobachten Sie, wie sich Ihr Verhalten verändert hat.

Beim Swish nutzen Sie die Tatsache, dass im Bewusstsein nicht zwei gegensätzliche Dinge gleichzeitig existieren können. Die negativen Erfahrungen, die das Problembild bestimmten und die positiven **Ressourcen** schließen einander aus. Die negativen Erfahrungen wurden durch das Verändern ihrer **Submodalitäten** abgeschwächt und dann mit den positiven **Ressourcen** konfrontiert: Dabei wurden keine Impulse unterdrückt, sondern lediglich neue Handlungsmöglichkeiten eröffnet, die vorher nicht möglich waren.

Ihr Unterbewusstes hat nun immer noch die Möglichkeit, die alte Reaktion zu zeigen – aber warum sollte es, wenn ihm eine bessere und effektivere Reaktion zur Verfügung steht?

Manchmal ist das Problem damit verschwunden. Manchmal sind Gewohnheiten aber eine ganze Kette aus verbundenen Gedanken, Gefühlen und Handlungen. Auf jeden Fall ist es gut, dass Sie den Auslöser mit dem **Swish** bearbeitet haben.

Die Vergangenheit heilen

Vielleicht glauben Sie ja, dass Ihre Vergangenheit feststünde. »Da kann man nichts mehr ändern«, glauben die meisten Menschen. Das stimmt vielleicht, was die Ereignisse als solche betrifft – doch es trifft auf keinen Fall für das Erleben und Ihre Wahrnehmung der Vergangenheit zu! Die Vergangenheit, die jetzt in Ihnen ist, ist jetzt vorhanden. Und diese Vergangenheit in Ihnen ist veränderbar. Heute haben Sie ganz andere **Ressourcen** als früher. Sie verfügen über mehr Fähigkeiten und Erfahrungen. Und Sie können auf Ihrer **Time Line** in Ihre Vergangenheit zurückgehen, die damaligen Erlebnisse neu erleben und sie mit den positiven Ressourcen, über die Sie heute verfügen, anreichern.

Standard History Change

Anwendung: Alte Lernerfahrungen, die das gegenwärtige Verhalten beeinflussen, durch neue Erfahrungen ergänzen

TEC

1. Visualisieren Sie Ihre **Time Line** und setzen Sie einen Gegenwarts-**Anker**
2. Bestimmen Sie das belastende Gefühl/Verhalten, das Sie verändern wollen
3. Gehen Sie vom Gegenwartspunkt rückwärts in Richtung Vergangenheit
4. Treten Sie aus der Time Line heraus
5. Betrachten Sie die erste Erinnerung dissoziiert
6. Laden Sie die Situation mit **Ressourcen** auf
7. Treten Sie wieder in Ihre Time Line ein
8. Gehen Sie auf der Time Line bis zur Gegenwart zurück
9. Rufen Sie den Gegenwarts-Anker ab
10. **Future Pace**

1. Visualisieren Sie Ihre **Time Line**

Die Übung beginnt damit, dass Sie eine Zeitlinie kinästhetisch aufbauen: Das heißt, Sie legen eine Schnur im Raum aus oder bilden mithilfe eines Klebebands eine Linie, an der Sie entlanggehen können und die den Fluss der Zeit symbolisiert. Ist dies räumlich nicht möglich, ziehen Sie als Alternative eine Linie auf Ihrem Schreibtisch, die Sie mit dem Finger abfahren können.
Diese Zeitlinie dient dazu, einen kinästhetischen **Anker** für bestimmte Zeitpunkte in Ihrem Leben zu setzen.
Sie beginnen nun an einem Ende der Linie – dieser Punkt ist die Gegenwart.
Machen Sie sich voll und ganz bewusst, dass Sie hier und jetzt in der Gegenwart sind. Setzen Sie einen kinästhetischen (körperlichen) Anker, der mit dem Gegenwartsgefühl verbunden ist. Legen Sie beispielsweise die linke Hand auf den Bauch. Das ist der Gegenwarts- oder einfach G-Anker.

2. Bestimmen Sie das belastende Gefühl/Verhalten

Machen Sie sich klar, an welchem Gefühl oder welcher Verhaltens- oder Denkweise, die Sie einschränkt, Sie arbeiten wollen. Bestimmen Sie diesen Zustand möglichst genau, indem Sie seine **Submodalitäten** erkunden. Ankern Sie diesen Zustand kinästhetisch: Das ist der »Problem-State-« oder PS-**Anker**. Natürlich muss der PS-Anker ein anderer sein als der G-Anker! Sie könnten dazu beispielsweise die Hand an den Kopf legen.

3. Gehen Sie rückwärts in Richtung Vergangenheit

Sie gehen nun – während Sie den PS-**Anker** halten – langsam vom Gegenwartspunkt aus rückwärts entlang Ihrer Zeitlinie in Ihre Vergangenheit. An jedem Punkt, an dem Sie das Gefühl haben, dass dort eine Erinnerung an das belastende Gefühl/Verhal-

ten/Denken eine Rolle spielte, halten Sie kurz inne und markieren diese Stelle mit Klebeband oder einem Gegenstand.
Auf diese Art und Weise bilden Sie eine Erinnerungskette mit Bodenankern. Sie gehen so weit auf Ihrer Zeitlinie zurück, bis Sie zu der ersten (bzw. als erste gedeuteten) Erinnerung dieser Art kommen.

4. Treten Sie aus der **Time Line** heraus

Treten Sie an dieser Stelle aus der Zeitlinie heraus, lassen Sie den PS-**Anker** los und rufen Sie den G-Anker auf.
Sie stehen nun also neben Ihrer Zeitlinie, an dem Punkt der ersten Erinnerung, die mit dem negativen, belastenden Gefühl/Verhalten/Denken verknüpft ist, sind aber mit Ihrem Bewusstsein wieder ganz in der Gegenwart. Sie betrachten Ihre Vergangenheit jetzt von Ihrem heutigen Standpunkt aus.

5. Betrachten Sie die erste Erinnerung dissoziiert

Sie erleben nun die damalige Situation nicht mehr emotional beteiligt, sondern dissoziiert. Sehen Sie sich die Situation von außen an.
Überlegen Sie nun, welche **Ressourcen** (Ideen, Verhaltensalternativen, Fähigkeiten) über die Sie heute verfügen, Ihnen damals geholfen hätten, die Situation anders – positiver – zu erleben.

6. Laden Sie die Situation mit Ressourcen auf

Suchen Sie bewusst nach Referenzerfahrungen für **Ressourcen** Ihres älteren, erfahreneren Selbst, visualisieren Sie die Ressource-Zustände assoziiert, verstärken Sie sie eventuell durch Veränderungen der **Submodalitäten** und **ankern** Sie sie.
Der Ressource-**Anker** muss sich natürlich sowohl vom G-Anker als auch vom PS-Anker unterscheiden. Außerdem ist es günstig

– wie Sie gleich sehen werden –, wenn Sie den Ressource-Anker so wählen, dass Sie gleichzeitig den PS-Anker aufrufen können.

7. Treten Sie wieder in Ihre **Time Line** ein

Treten Sie an dem Punkt Ihrer ersten PS-Erinnerung wieder in die Zeitlinie ein. Rufen Sie den PS-**Anker** auf und erleben Sie die Situation assoziiert.
Während Sie den PS-Anker halten, rufen Sie nun gleichzeitig den Ressource-Anker auf. Da der Ressource-Zustand und der Problem-Zustand nicht gleichzeitig verwirklicht werden können, wird der PS-Zustand nun gelöscht oder zumindest abgeschwächt. Diesen Vorgang verstärken Sie noch, indem Sie jetzt den Ressource-Anker weiterhin halten und den PS-Anker lösen.

8. Gehen Sie auf der **Time Line** bis zur Gegenwart zurück

Lassen Sie jetzt den Ressource-**Anker** wieder los und gehen Sie entlang Ihrer Zeitlinie zurück zur Gegenwart. An jedem Punkt der Erinnerungskette, wo Sie eine Problem-Erinnerung markiert haben, bleiben Sie kurz stehen und rufen Ihren Ressource-Anker auf.

9. Registrieren Sie Veränderungen

Wenn Sie schließlich am Gegenwartspunkt angelangt sind, rufen Sie den Gegenwarts-**Anker** auf und kehren ganz ins Hier und Jetzt zurück. Drehen Sie sich nun so, dass Sie entlang der Zeitlinie sozusagen in Ihre Vergangenheit blicken. Überprüfen Sie, wie und ob sich Ihre Gefühle hinsichtlich Ihrer Vergangenheit und insbesondere hinsichtlich Ihrer Erinnerungen verändert haben.

10. Future Pace

Wenn Sie eine positive Veränderung ausmachen konnten, prüfen Sie nun noch die Auswirkungen auf Ihre zukünftigen Gefühle. Gehen Sie auf der **Time Line** noch ein Stück weiter in die Zukunft, wobei Ihr Blick auf den Gegenwartspunkt gerichtet bleibt. Überprüfen Sie wieder, wie sich Gefühle, Verhalten und Denkweisen verändert haben.

Die Technik **History Change** ist zugegebenermaßen ein bisschen kompliziert. In der Regel werden Sie besser damit zurechtkommen, wenn Sie dabei Unterstützung von einem NLP-Coach bekommen. Doch wenn Sie es sich zutrauen, oder auch wenn Sie es sich nicht zutrauen und nur ein wenig experimentierfreudig sind, sollten Sie diese äußerst kraftvolle Technik ausprobieren.

Glossar der NLP-Techniken und Begriffe

Anker: Unter einem Anker versteht man im NLP einen Auslösemechanismus für Gefühlszustände. Ein an sich neutraler Reiz (eine Bewegung, ein Klang usw.) wird durch wiederholte Assoziation mit einem Gefühlszustand verbunden, so dass er schließlich reflexartig den Gefühlszustand auslöst.
Assoziiert: Eine Situation, auch in der Erinnerung oder Vorstellung, wird dann assoziiert erlebt, wenn man selbst das Zentrum des Erlebens ist. Siehe auch ➞ dissoziiert.

Bewusstsein: Der Begriff des Bewusstseins ist kaum einer Definition zugänglich. Die Grenzen zwischen Bewusstsein und Unterbewusstsein sind fließend – wir ordnen einen geistigen Vorgang umso eher dem Bewusstsein zu, je mehr er im Zentrum unserer Aufmerksamkeit steht.

Dissoziiert: Das Gegenteil von ➞ assoziiert. Bei einer dissoziiert erlebten Situation (Erinnerung, Vorstellung) steht das Ich nicht im Mittelpunkt der Situation, sondern sieht sich selbst sozusagen »von außen«. Damit einher geht eine geringere Gefühlsbeteiligung.

Eco-Check: auch Ökologie-Prüfung, Ökologie-Check, Ecology-Check. Im NLP die Abklärung der ökologischen Stimmigkeit einer Veränderung; d. h. die Frage nach eventuellen negativen Konsequenzen einer gewünschten positiven Veränderung.

Future Pace: auch Future Pacing. Ein NLP-Standardvorgehen, das stets am Ende einer Veränderungs-Technik stehen sollte. Dabei wird die Qualität und Wirksamkeit der Veränderung geprüft.

Glaubenssätze: auch engl. Beliefs. Nach Dilts sind Glaubenssätze »Überzeugungen über uns selbst und darüber, was in der Welt um uns möglich ist«. Im NLP wird besonderer Wert auf das Aufspüren und Auflösen einschränkender Glaubenssätze gelegt.

Modelling: auch Modellieren. Eine Methode, durch das Nachahmen einer Person (z. B. besonders erfolgreicher Menschen), das »wie« ihres Tuns herauszufinden. Modelling kann dabei auf ganz verschiedenen Abstraktionsstufen stattfinden.

Pacing: auch Spiegeln. Eine Methode ➞ Rapport aufzubauen, indem man sein Verhalten dem des Gegenübers mehr oder weniger subtil angleicht.

Personale Integration (PI): In der PI wird besonderer Wert auf das Subpersönlichkeiten-Modell gelegt – das vorrangige Ziel ist, alle Bestrebungen der Persönlichkeit (➞ Subpersönlichkeiten) optimal und reibungsfrei (»integriert«) zusammenarbeiten zu lassen.

Positive Absicht: Eine der Grundannahmen (Arbeitshypothesen) des NLP besagt, dass jedem Verhalten eine positive Absicht zugrunde liegt. Bei Veränderungen ist es wichtig, diese positive Absicht herauszufinden und in den Veränderungsprozess mit einzubeziehen.

Rapport: Ein Ausdruck aus der Hypnose, der eine vertrauensvolle, verbindende Beziehung kennzeichnet, in der die Personen »auf einer Wellenlänge« sind. Ein guter Rapport ist wichtig, um den Klienten in Trance zu bringen.

Referenz-Erfahrung: Eine konkrete Erfahrung in der Vergangenheit, in der eine Ressource besonders stark zum Tragen kam. Eine Referenz-Erfahrung dient dazu, sich einen Ressource-Zustand konkret zu vergegenwärtigen.

Reframing: Einer Verhaltensweise, einer Ansicht, einer Situation einen »neuen Rahmen« geben, sie umdeuten, sie in einen neuen Kontext stellen.

Repräsentationssysteme: auch Wahrnehmungssysteme, Wahrnehmungsebenen. NLP geht davon aus, dass alle mentalen Vorgänge in »Wahrnehmungseinheiten« codiert werden. »Denken«, »Fühlen« und »Bewusstsein« werden im NLP also immer als sinnliche Vorgänge betrachtet. Alle mentalen Vorgänge werden demnach sinnlich repräsentiert.

Ressourcen: Alles, was dem Erreichen von Zielen dient. Dazu gehören auch äußere Ressourcen, wie Menschen oder Geld. Im NLP geht es vor allem darum, die inneren Ressourcen, also die positiven Kräfte zu mobilisieren und gezielt einzusetzen: Fähigkeiten, Kenntnisse, Erfahrungen, Vorstellungen, Strategien usw.

Separator State: auch Unterbrecher-Zustand. In NLP-Techniken werden häufig innere Zustände gewechselt. Bei einem solchen Wechsel ist es wichtig, den ersten Zustand wirklich zu beenden, bevor in den zweiten übergeleitet wird – das geschieht durch einen Separator-State. Jeder → dissoziierte Zustand kann als Separator eingesetzt werden.

Spiegeln → Pacing

Strategie: Eine festgelegte Folge von Handlungen oder mentalen Prozessen. Strategien können großteils unbewusst und in Sekundenbruchteilen ablaufen. NLP deckt solche Strategien auf und zeigt Möglichkeiten, sie zu verändern.

Submodalitäten: Die Unterscheidungskriterien innerhalb eines Sinnessystems (einer Modalität). Beispielsweise »Helligkeit« beim Sehen oder »Lautstärke« beim Hören.

Subpersönlichkeiten: kurz SPs, auch Teile, Teilpersönlichkeiten. Subpersönlichkeiten sind eine Modellannahme, bei der unterbewusste und unbewusste Persönlichkeitsteile, Motivationen und Bestrebungen personalisiert werden, um einen intuitiven und ganzheitlichen Umgang mit ihnen zu ermöglichen und komplexe unterbewusste Vorgänge visualisieren zu können.

Swish: Eine von Richard Bandler entwickelte NLP-Technik, bei der zwei innere Bilder (ein negatives und ein positives) einander überlagern. Dabei werden auf ganzheitliche Weise die → Submodalitäten der negativen Vorstellung verändert und damit der negative Gefühlszustand gelöscht.

Time Line: auch Zeitlinie. 1. Die innere sinnliche Repräsentation der individuellen Zeitvorstellung. 2. Ein bei manchen NLP-Techniken eingesetzter räumlicher → Anker, der die innere Time-Line fixiert, beispielsweise mit Hilfe eines auf dem Boden ausgelegten Seils. Das Gehen auf dieser Linie wird mit dem Erleben der Vergangenheit verknüpft.

VAKOG: Abkürzung für die Sinnesmodalitäten: visuell, auditiv, kinästhetisch, olfaktorisch, gustatorisch, also Sehen, Hören, Spüren, Riechen und Schmecken. Es gibt noch mehr Sinneswahrnehmungen. Diese sind unter dem Begriff »kinästehisch« zusammengefasst, was nicht sehr sinnvoll ist, sich aber im NLP so etabliert hat.
Visualisieren: bildhaft vorstellen

Walt-Disney-Technik: auch Walt-Disney-Strategie. Eine Strategie, die drei Phasen des kreativen Prozesses voneinander trennt und damit die Kreativität effektiver und planvoller einsetzt.
Wellformed Outcome (WFO): auch Wohlgeformtes Ziel. Ein Ziel, das bestimmte Kriterien, wie Erreichbarkeit durch eigene Ressourcen, klare Definition, zeitliche Bestimmung usw. erfüllt.

Literatur

Andreas, Connirae/Andreas, Steve: *Mit Herz und Verstand. NLP für alle Fälle.* Junfermann, Paderborn 2004

Bandler, Richard/Grinder, John: *Neue Wege der Kurzzeit-Therapie. Neurolinguistische Programme.* Junfermann, Paderborn 2007

– *Metasprache und Psychotherapie. Die Struktur der Magie I.* Junfermann, Paderborn 2010

– *Kommunikation und Veränderung. Die Struktur der Magie II.* Junfermann, Paderborn 2009

Bakker, Arnold: *The Job Demands-Ressources model: State of the Art.* Journal of Managerial Psychology, Vol. 23. Bingley (UK) 2007

Dilts, Robert B.: *Einstein – Geniale Denkstrukturen und NLP.* Junfermann, Paderborn 2005

– *Identität, Glaubenssysteme und Gesundheit. Höhere Ebenen der NLP-Veränderungsarbeit.* Junfermann, Paderborn 2006

Foerster, Heinz v./Glasersfeld, Ernst v.: *Wie wir uns erfinden.* Carl Auer, Heidelberg, 2010

Long, Aljoscha/Schweppe, Ronald: *NLP macht Kinder stark.* Südwest, München 2011

– *Die 7 Geheimnisse der Schildkröte.* Heyne, München 2010

– *Meditation. Techniken für innere Ruhe und Entspannung.* BLV, München, 2014

– *Nicht anstrengen – leben! Das Dao des Alltags.* Heyne, München 2009

– *Der Seelenschlüssel zum Wunschgewicht.* Goldmann, München 2013

Mohl, Alexa: *Der große Zauberlehrling. Das NLP Arbeitsbuch für Lernende und Anwender.* Junfermann, Paderborn 2006

Ötsch, Walter/Stahl, Thies: *Das Wörterbuch des NLP.* Junfermann, Paderborn 2003

Rogers, Carl: Therapeut und Klient. Fischer, Frankfurt a.M., 2012

– *Entwicklung der Persönlichkeit.* Klett-Cotta, Stuttgart, 2012

Witzleben, Ines von/Schwarz, Aljoscha: *Endlich frei von Angst.* Gräfe & Unzer, München 2011

Zeig, Jeffrey K. (Hrsg.): *Meine Stimme begleitet Sie überallhin. Ein Lehrseminar mit Milton H. Erickson.* Klett-Cotta, Stuttgart 2006

Register